心をこめて手早くできる

アイデア家事の本

Murakawa Kyoko 村川協子

PHP

はじめに

朝のキッチンから

朝、六時半過ぎ、わが家のキッチンに朝の光が射しこむころ、私は朝食の準備を始めます。私がよく作るのは、ワッフル。まず、卵の白身を泡立て、メレンゲを作ります。チャッチャッチャッという泡立て器の軽快な音が朝のキッチンに響き、材料を混ぜたら夫が卓上で熱したワッフル焼き器に流し込みます。やがておいしい匂《にお》いが部屋中を満たすころ、〝私流・三分間サラダ〟もできあがり、温泉卵と果物、牛乳、コーヒーと共に夫と二人でいただきます。

早朝、庭に出て、育てた草花をスケッチすることもあります。花が次々に咲き始める様子をスケッチブックに描き、シルクスクリーン用にデザインします。それらは午後、リビング脇《わき》にある八畳の私のアトリエで、テーブルクロスやエプロンなどに染められます。当初は私の暮らしの中でのみ使う生活工芸と思っていたのですが、友人から依頼されて制作しているうちに口コミで広がり、出来上がるのを待ってくださる方もあるようになったのは嬉《うれ》しいことです。

時間と手間をやりくりして

このような暮らしを紹介すると、よく、

「優雅で羨《うらや》ましいですね」

「時間がたっぷりあっていいですね」

と言われます。が、決してそんなことはありません。現在私は七十五歳、八十五歳の夫との二人暮らしですが、二人共、外での活動、家の仕事など、するべき仕事は数限りなくあります。


この本を手に取っていただいた方も、家の仕事は多くのことが山積みで、気の抜けない仕事だということを実感しておられることでしょう。

多くの仕事に追われ、あたふたしている間に一日が過ぎてしまう。どうしたらいいのかと思っている方も多いことでしょう。

心豊かな暮らしを送るには時間と手間をやりくりする工夫が必要です。

たとえば、先ほどのわが家の朝食を例にとってみましょう。朝からワッフルを焼くなどは手間がかかると思う方もいるかもしれませんが、実は簡単なのです。

小麦粉は前もって一回分の分量一〇〇グラムに分けて四～五袋分ストックしてあります。泡立て器も引き出しの中の〝指定席〟からすぐに出すことができます（くわしい作り方は一一三ページ参照）。

また、サラダは常時数種類の野菜をそれぞれ甘酢漬けにして密閉容器に保存してあるので、レタスと混ぜ、ドレッシングであえるだけで出来上がります。そしてコーヒーをいれるのは夫の担当です。

私の朝食作りは十五分、まるで茶道のお点前《てまえ》のように無駄のない動きの中からあっという間に出来上がります。

工夫をすることで、家事は短時間に内容よく済ませ、自分がやりたいことのための時間を作ります。

その時間で、私の場合は、機《はた》を織り、布を染め、服を作るというような好きな仕事に向かうことができるのです。

わが家の朝食の用意

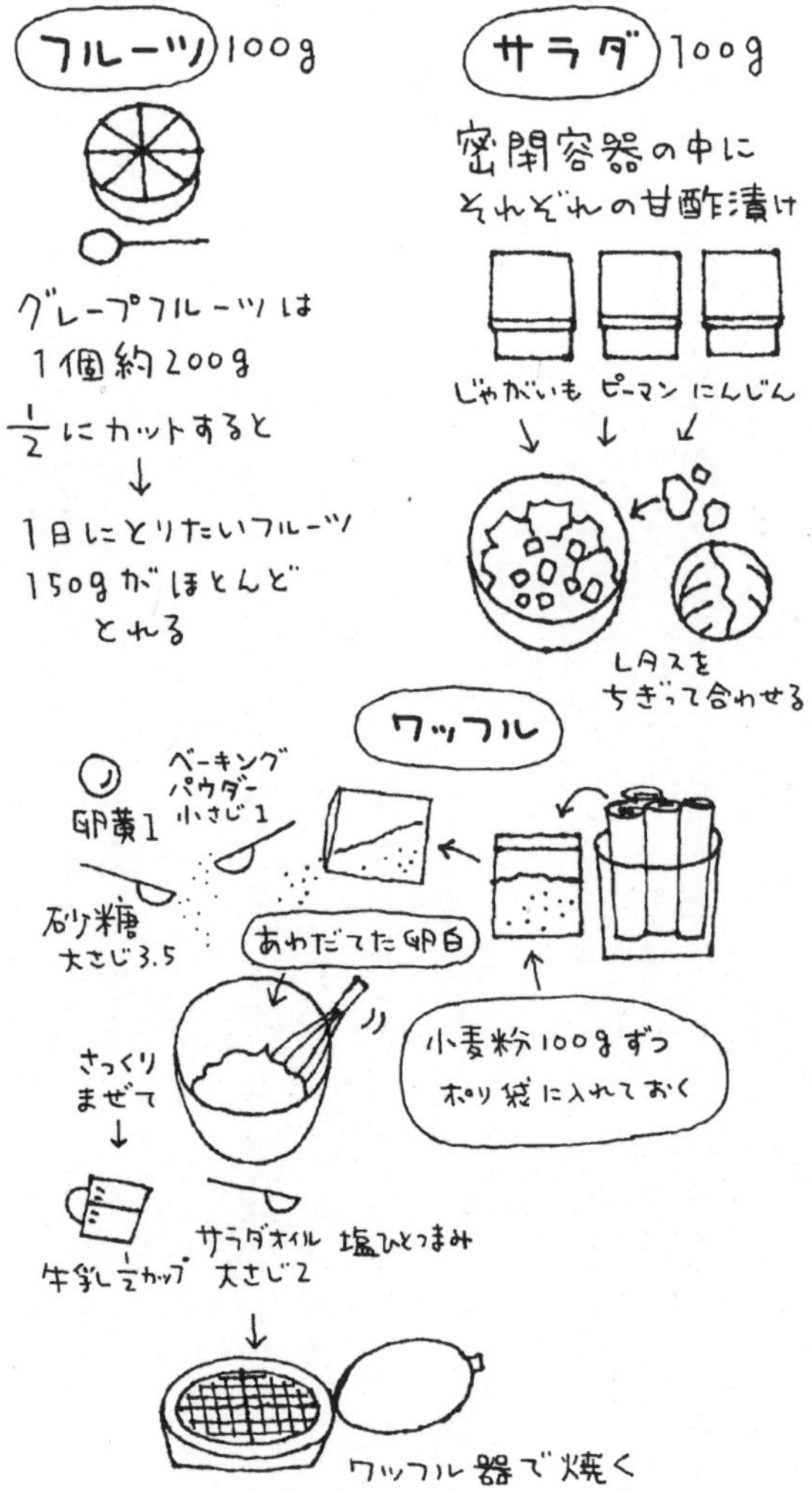
フルーツ 100g
グレープフルーツは
1個約200g
$\frac{1}{2}$にカットすると
1日にとりたいフルーツ
150gがほとんど
とれる
サラダ 100g
密閉容器の中に
それぞれの甘酢漬け
じゃがいも
ピーマン
にんじん
レタスを
ちぎって合わせる
ワッフル
卵黄1
ベーキングパウダー小さじ1
砂糖大さじ3.5
あわだてた卵白
小麦粉100gずつ
ポリ袋に入れておく
さっくり
まぜて
牛乳$\frac{1}{2}$カップ
サラダオイル大さじ2
塩ひとつまみ
ワッフル器で焼く

野菜、フルーツでビタミン、牛乳でカルシウムなど、一日に摂りたい栄養は、朝食の時にいただいてしまいます。常備してあるものを使って、用意は15分で完了。

落ち着いて暮らすために

このように、前もって何かをするということは、ゆとりをもって暮らすための工夫です。また、自分の生活に関することを把握していることも、心にゆとりを生み出します。たとえば、衣服の管理がしっかりされているなら、季節ごとの出し入れに迷うこともありません。どれだけの収入があり、今月はどれくらいのお金なら使うことができるかを把握していれば、漠然とした不安にかられて縮こまって暮らすこともなくなるでしょう。

これらの、生活全体を把握することや、工夫して時間を生み出して自分のために使うことはすべて、落ち着いて暮らすために必要なことだと思います。

家事は連動させて考えましょう

読書が好きな私はよく本屋さんに行きます。すると、暮らしのコーナーに、料理の本や掃除の本、収納の本、家計管理の本が所狭しと並んでいるのに気がつきます。華やかな表紙で次から次に新しい本が出るので、私などはまごついてしまうのですが、ちょっと不思議に思うことがあります。

それは、お料理の本ならお料理の作り方だけが書いてあることです。お料理の本なのですから当然のことですが、お料理の先生は余ったたまねぎはどうしたらいいのか、丸ごと買ってきたキャベツはどう使い回せばむだなく使えるか、ということはあまり教えてはくれません。

また、お料理を作るにはその前に材料を買いにいかなくてはいけませんが、どのように買えばいいのかもあまり教えられる機会はないものです。結婚したばかりのころは、みんなその辺にとまどうものなのです。しかし、その方法はお料理の本のどこにも書いてありません。

そして、買物をするにはどれくらいお金を使えばいいのでしょうか？　お料理の本には家計をやりくりする方法はあまり触れられていないし、またお金を上手に使うための本にはお料理のことは書いてないのです。

家の仕事はお料理だけで独立しているのではなく、お料理の前の買物、その前のお金の使い方と連動していて、相互に関連している総合的なものです。また、買物をする時間はどれぐらいが適当なのかも大切な事柄でしょう。

同じように、掃除も方法だけを知っていても不十分なのです。掃除の時間はどれぐらいの時間をかけて、いつするのがいいのかを考えないと一日中掃除をしていることにもなりかねません。そして、一日の中で掃除の時間をやりくりする方法は掃除の本には書いていないのです。

家の仕事は方法だけではなくて、時間の使い方、お金の使い方といっしょに考えていくといいと思います。

「友の会」百年の知恵

一九〇三年（明治三十六年）に、日本で最初の女性新聞記者である羽仁もと子とその夫であるジャーナリスト羽仁吉一によって雑誌「家庭の友」（のちに「婦人之友」と改題）が創刊されました。「生活を愛する気持ちとよい家庭がよい社会を創る」という編集方針のもとに、より良い暮らしを考え続けてきた、今年百二年目を迎えた日本で最も古い雑誌です。日本で最初に「家計簿」を考案したのもこの雑誌でした。羽仁もと子は一九二七年（昭和二年）に『羽仁もと子著作集』を刊行しましたが、それをきっかけに一〇〇〇人の「婦人之友」の読者が一九三〇年（昭和五年）に立ち上げたのが「全国友の会」で、家計簿をつけたり、生活の知恵を教えあう講習会を開いたりしてよりよい暮らしを追求してきました。現在では日本国内外に一九五の会（会員数二万六〇〇〇人）があります。

私が家事のやり方、考え方を学んだのはその「友の会」からです。

みなさんは「友の会」をご存知でしょうか？

私は、母が会員でしたから、幼いころから「婦人之友」を身近に感じて育ちました。子育て期には「婦人之友」を参考にしながら私なりに幼児食や保存食の研究をはじめました。

結婚後、家を建てた私は借入金のある家庭の家計はどうしたらいいのかを知りたくて長崎で「友の会」に入りました。「友の会」は全国的な組織です。その後、熊本、長崎、広島、山口、岡山と転居してもどこでもすぐにその地の「友の会」に入会しましたが、どこの会も気持ちは一つ、すぐに打ち解けて新しい友人ができて、幸いでした。

「友の会」には「食」の分野では本谷滋子先生、「住」の分野では故町田貞子先生など素晴らしい先輩がたくさんいらして、各地に講演にいらっしゃることがありました。そんな時、私は講演会を聴講することはもちろん、懇親会に出席したり、車で送迎を受け持つなどしながらたくさんのことを学ばせていただきました。

そのように勉強していたところ、広島に住んでいた時、お隣りの山口県岩国市の「友の会」で暮らし方についての講演を頼まれました。これが私が講演をしたはじめです。以来、北は北海道、南は九州まで全国約三〇〇カ所、各地に招いていただいて現在に至っています。

私は料理研究家でも、家事評論家でもなく、一人の主婦です。家庭を持ったばかりのころは家の仕事をどのようにしたらいいか迷うことも多く、失敗だらけだったと思います。それが「友の会」に参加することによって、みんなの知恵を持ちよったり助け合うことでいろいろなことが学べたことは、私にとっての大きな喜びです。私がこの本で紹介することは、そんな交わりから学んだことや、私自身が長い間、実際に手と足を使ってやってきた方法ばかりです。それらを全国の方々に伝えてみんなで実践する充実感も知りました。

暮らしに工夫をすることはいつになっても新しい発見があり、不思議な驚きの連続です。私はむしろ、「上手に生活ができない」と悩んでいる人のほうに新しい工夫を生み出す可能性があると思います。

家の仕事をする最終的な目的は「明るく楽しく暮らす」ということ。

「家事上手な人」になることも大事ですが、それ以上に人間的に豊かな心を持ちたいと願っています。ここで紹介する家の仕事の考え方、方法が一つでもみなさんの参考になればとても嬉しいです。

心をこめて手早くできる
アイデア家事の本

目次

第1章

時間を上手に使うアイデア

❶ 時間は大切な宝物

第2章

おいしくしっかり食卓のアイデア

第3章 「まとめ作り」ノートからのアイデア

第4章 短時間掃除のアイデア

第5章 すっきり収納と整理整頓のアイデア

第6章

おしゃれな衣生活のアイデア

❶ 衣類の簡単整理術——上質の服を少し持つ暮らし

第7章 ゆとりを生み出す家計のアイデア

装幀――こやまたかこ
写真撮影――藤谷清美
イラスト――前田まみ

CHAPTER 1

時間を上手に使うアイデア

01

時間は大切な宝物

時間を使うことは生命を使うことです

「時間に追われていつも忙しい」

と嘆く人がいます。「朝からずっと家の仕事や子どもの世話などが押し寄せ、気がつくと一日が終わっている。毎日がその繰り返しだ」というのです。

たしかに子どもが小さい時期など、家の仕事は数限りなくあるように思われます。しかしそんな時こそ知恵と工夫でゆとりの時間、自分だけの時間を生み出すことができるものです。

私たちは限りある命を生きています。私たちに与えられた時間にも限りがあります。

〝時間は生命と同じこと〟、このことを私は「友の会」で羽仁もと子先生の考えとして教わりました。大切な時間を有効に使うにはどうしたらいいのでしょう。この章では時間の使い方について考えてみましょう。

予定を立てると時間も心もゆとりが生まれます

時間を上手に使うには、しなくてはいけないことを書き出して、予定を立てることです。就寝前に次の日にしなくてはいけないことをメモしておくと、翌朝から効率よく動くことができるでしょう。「あれもこれもしなくては……」と思いながら雑事に紛れて忘れてしまい、あとで「何もできなかった」と反省することがなくなるでしょう。一日だけではなく、一週間分の予定もだいたい組んで心づもりしておくと慌てることもありません。

さらに広げて、私は年間の仕事も予定しています。一年間見通せるカレンダーや手帳を用意して、年のはじめに「今年は七五三のお祝い」「夏休みに帰省」などと書き込んでおきます。間近になって慌てることなく、写真館の予約、服の用意、チケットの手配など余裕をもって準備することができるでしょう。

子育てに振り回されない楽しい家事の工夫

ある時、子育て中の女性から「毎日、家の仕事に追われてストレスになっているのですが、どうしたらいいでしょう」と質問されました。

その女性のお子さんは幼稚園生で、いつもぎりぎりになって起きてくるので、すぐに朝ご飯を食べさせて服を着替えて登園するのだそうです。お母さんはお子さんを幼稚園に送ったあと、すぐに掃除や洗濯、買物をするのですが、終わらないうちにまたお迎えの時間になってしまい、そのまま友達の家に遊びにいくことが多く、まだ小さい時期ですのでお母さんも一緒にお友達の家にお邪魔して、家に帰ってくるころになるともう夕飯の支度の時間、そして、夕飯、お風呂、就寝の繰り返し、自分の時間もないし、家は散らかっていることが多くストレスになるということです。

ちょっと聞いただけで、この生活がうまく回っていないことがわかります。何か工夫が必要ですね。子どもに振り回されず、子どもの生活のリズムを変える工夫をしてみましょう。子育てという忙しい時期こそ、工夫が生きる時。一つでもいいので、できることからはじめてみましょう。

時間のわらしべ長者に――仕事を一つだけ先取り

たとえば、夕食の用意をする時に、おネギを明日の朝食の味噌汁に入れる分も切って冷蔵庫に入れておきます。すると翌朝の仕事が一つ減って時間のゆとりができます。同じようにお鍋に水を入れてだし用の煮干しを浮かべておけば、翌朝に味噌汁のだしをとる時間が短縮されてまた時間の余裕ができるのです。幼稚園に行くための準備は揃っているでしょうか？　それが済んでいれば、お子さんを起こしてご飯を食べさせる時間も長くとれるようになり、ここで朝食の後片づけの時間が生まれます。

朝していた洗濯を前の晩にしてしまって、朝は干すだけというふうにしてみてもいいと思います。その分、朝の仕事は少なくなってさらに先のことができるようになります。

このように前の晩のほんの五～六分の手間が翌朝には十～十五分のゆとりになって返ってくるのです。そのゆとりは、子どもを幼稚園に送っていって帰ってきた時に、さらに倍の時間になっているでしょう。

昔話に「わらしべ長者」という話がありますが、これはちょうど〝時間のわらしべ長者〟になる方法。一つ仕事を先取りすることによって、時間は生み出されていきます。先を見通して予定を立てることで、仕事がスムーズに回っていく楽しさ、面白さを知ることが家の仕事の醍醐味《だいごみ》だといえるでしょう。

キッチンは先取り仕事のアイデアが生きる宝庫
――「ドレもと」があれば手作りドレッシングもすぐ

先取り仕事のアイデアがもっとも生きるのがキッチンでの仕事です。詳しくは後で紹介しますが、ここではその例として一つだけ、ドレッシングを簡単に作る方法を紹介しましょう。サラダは野菜を用意してもドレッシングを作るのが一仕事。ついつい市販品に頼ってしまいがちですが、市販品は割高だし容器がゴミになるので、私はもっぱら手作りを心がけています。

その都度作るのはたいへんなので考えたのが、「ドレもと」という基本のドレッシング。専用の容器を決めて作りおきして、いただく段になってオイルを入れます。

●ドレッシングのもと「ドレもと」の作り方

①ガラスの空きビンなどに、酢二カップ、塩小さじ四、砂糖小さじ一、こしょう少々を入れ混ぜる。これがドレッシングのもと「ドレもと」。ビンにこの材料の分量を書いたフベルを貼っておくとわかりやすい。

②この「ドレもと」を使えば、ドレッシング作りは簡単。別の容器に「ドレもと」1に対

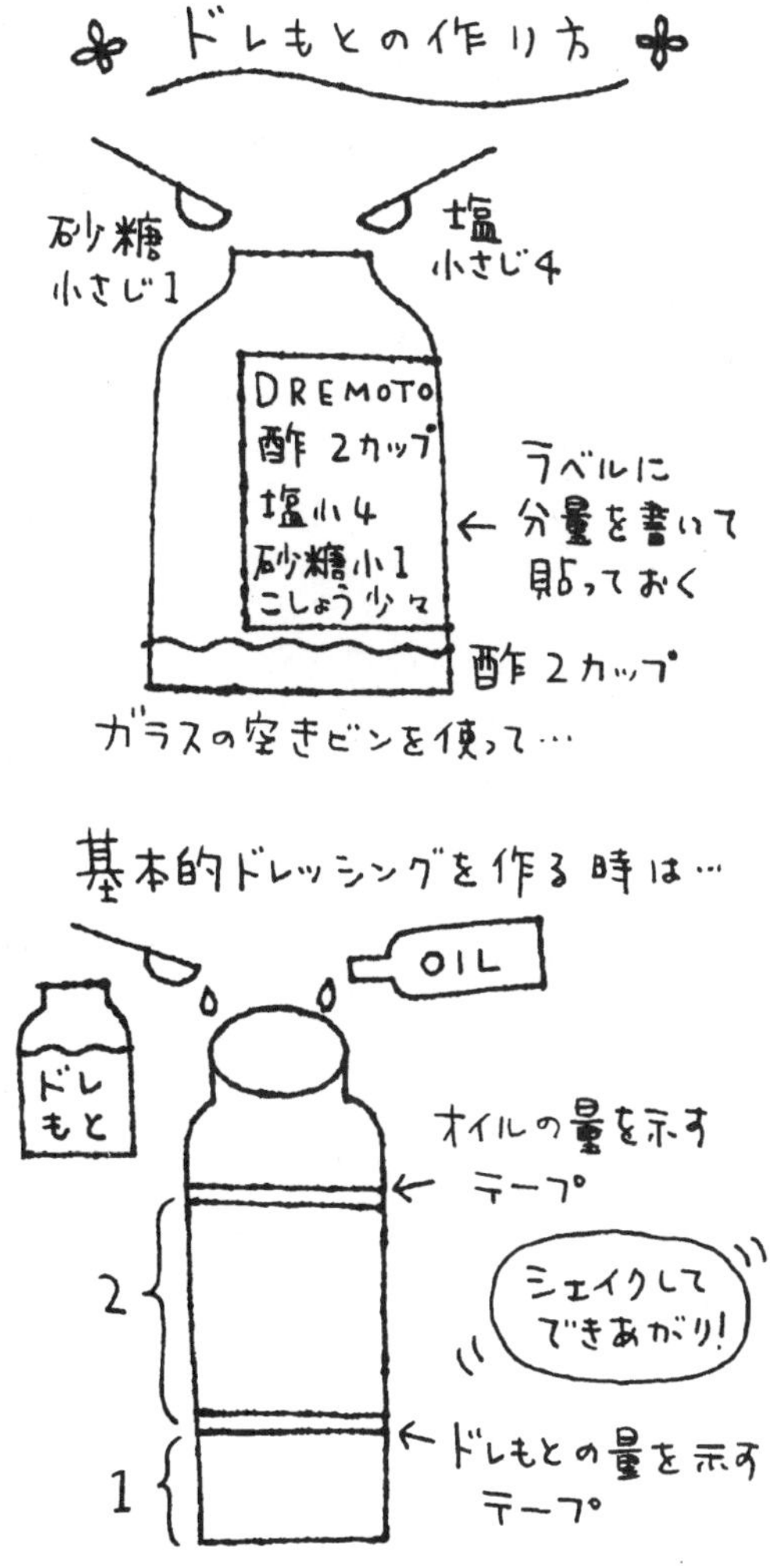

基本の分量をラベルに書いて貼っておくと一目瞭然。私はいつもこの8倍量を作って常備しておきます。

して2の分量のオイルを入れてよく振れば出来上がり。「ドレもと」とオイルを混ぜる目安にカラーテープを巻いておくとわかりやすい。レモン汁を混ぜるなど好みで味を変えても楽しめる。

すがすがしい朝のために、前日の一分間片づけを

就寝前は、夕方の仕事の後片づけを終え、リビングを片づけ、戸締まり、ガス栓などのチェック、玄関の履き物揃えなどをして就寝します。これらは一人でするよりも、家族みんなで、使った物をそれぞれの決まった場所に戻すなど協力してすると簡単にできます。

この小さな仕事たちが効果を表すのは翌朝です。整理されたキッチンとリビング、玄関を出る時も片づいていれば心地よいもの。前日の一分の片づけが次の日の快適なスタートのための基礎になります。

これも先取り仕事といえるでしょう。

02

家事の時間割を見直しましょう

忙しい夕方こそゆったり過す工夫を

それまでの家事の手順を見直すのも一つの方法です。

私は子どもが小さいころ、夕方近くになって子どもたちを連れてマーケットに買物に行っていました。時間がなく、いつもせわしい思いをしながら買物に追われていたのです。ある時、混雑して空気も悪いマーケットで右往左往しながら、この時間の買物は私にとっても子どもたちにとっても良いものではないことに気がつきました。急いで帰って来て夕飯の支度をするので気持ちにゆとりがなく、これでは決していいものを食べさせることができないということもわかりました。そこで私はこのやり方を変えました。

買物は午前中にゆっくり行くようにしました。やがて週末にまとめ買いをして、下準備をまとめてしてしまえば平日にはさらにゆとりが生まれるとわかりました。私の「まとめ買い」「まとめ作り」の方法は、このように家事の時間割を変えることから始まりました。

この方法は後ほど詳しく述べますが、早い時間に食事の用意がある程度まで整っていれば帰宅した子どもと一緒にゆっくりした時間を持てるのが嬉しいもの。家によって事情は違うと思いますが、私は夕方こそゆとりが大事と思いましたので、この時間を食卓でおしゃべりしながら折り紙を折ったり、宿題を見たりする時間に充《あ》てていました。傍《かたわ》らのお鍋にはもう食事ができていて、あとは仕上げをするだけ。私の子育て時代のかけがえのない思い出です。

トイレ掃除は入浴の前に

トイレの掃除も手順を変えたら、合理的に解決できました。私は、以前は朝一番にトイレを掃除していたのですが、ある時ふと思い付いて入浴する前にトイレの掃除をすることにしました。

トイレを掃除してそのまま入浴すれば、トイレも私自身もスッキリきれいになります。とても理にかなった手順だと満足しています。

家事に追われるより家事を追っていきましょう

必ず目の前にやってくる仕事を一つだけでも先にしてしまうことで、時間と気持ちのゆとりを生み出すことができます。

たとえば、家事に追われている場合は次のような悪い循環になるでしょう。

●悪い循環(追われる家事)の場合

❶朝、朝食の心づもりができていない↓あわてて作る
❷外出の用意ができていない↓約束の時間に遅刻しがち
❸帰宅しても夕飯の準備がまったくできていない↓バタバタと作ると栄養のバランスも心配
❹明日の準備をせずに就寝して、翌日あわてる↓①に戻る

それに反して、うまくいっている場合は次のような循環になります。

●良い循環（追っていく家事）の場合

❶朝食の心づもりができている→ゆっくり食事を楽しめる
❷外出の準備ができている→心のゆとり
❸夕飯の準備がおおかた整っている→栄養のバランスを考えた食事作り
❹明日の準備をして就寝→充実感のある毎日

03

終わりの時間を決めると集中できます

よく働く人は休息上手

家の仕事に限らず、仕事はダラダラと続けても時間が無駄に過ぎていくだけ。時間に区切りをつけ、仕事をする時は集中してこなせば、その後ゆっくり休むことができます。「よく働く人は休息上手」と羽仁先生は言われました。

家を掃除する時や片づけをする時も、終わりの時間を決めて、「○時までにしてしまおう」と決めます。一つの仕事をしている間に「次の仕事は何をすればいいか」を考えておくと短時間で済ませることができます。

朝の仕事の終了の時間は何時?

朝の仕事は家の仕事の中でもっとも重要です。身支度をして食事やお弁当の用意、食事の後片づけをします。掃除や洗濯の時間帯は家庭によって違いがあるでしょう。現在のわが家では掃除、洗濯は夕方にしますが、必要な家庭は掃除・洗濯もこの時間に。

ここで重要なのは、終わりの時間を決めること。テレビを見ながら仕事をしていて、気がついた時にはもうお昼近く、などというのは時間がもったいないものです。「朝の家事は○時○分までに終える」と決めると集中してできます。仕事を持っている人ならいやおうなく終わりの時間、つまり出勤する時間が決まっているので、むしろやりやすいかもしれません。

終わりの時間を決めて、食事、お弁当作り、洗濯物干しなど、しなくてはいけない仕事にかかる時間を考えて逆算していけば、何時から朝の仕事をスタートさせたらいいか（起床時間）がわかります。

ちなみに私は朝の家事の終わりの時間を、八時半と決めています。

タイマーが鳴ったら終わりにしましょう

家事をする時、私はいつもタイマーを利用しています。愛用のタイマーは何の変哲もないキッチン用のタイマーで、キッチンの一番上の引き出しの手前にタイマーの大きさに区切った場所があり、そこがタイマーの置き場です。

ベルが鳴るまで、一心に仕事に集中します。ベルが鳴ったら、延長することなしにそこで切り上げ、自分の好きなことをするのです。家の仕事には会社での仕事と違い監督役がいません。ついつい気ままになることもあるでしょう。そんな中でタイマーは小さな家事の監督役になってくれています。

外出時は十分前にタイマーをセット

出掛ける時にバタバタしないような工夫も必要です。私は外出する時は持っていくものをまず揃え、バッグと共に玄関に揃えてしまいます。そして、家を出る予定の十分前にタイマーをセットしておきます。

すっかり用意が整っていると思うとゆとりが生まれるもの。ちょっとした掃除や片づけ、ひとことはがきなども書くことができます。時間管理はタイマーにお任せしているので、時計を何度も見ることもなく集中して仕事ができます。タイマーが鳴ったらすぐに戸締まり、火の元を確認してから出掛けます。

先方に着くのは約束の約五分前を心がけています。いつも五分、十分と遅れてくる人がいますが、待ち合わせの場所に小走りでやってくる姿は気ぜわしいもの。五分前に着く心のゆとりがその日の予定を素敵なものにするでしょう。

終わりの時間を決めるとスムーズ

終わりの時間を決めることの心地よさは、仕事のミーティングや趣味の会などの集まりでも発揮できます。たとえば地域やマンションの管理組合や役員会、学校で親たちが相談する集まりや、講習会などで会合が開かれることがあります。その会の始まりの時間と内容は紹介されることが多いのですが、終わりの時間が告げられることは少ないようです。

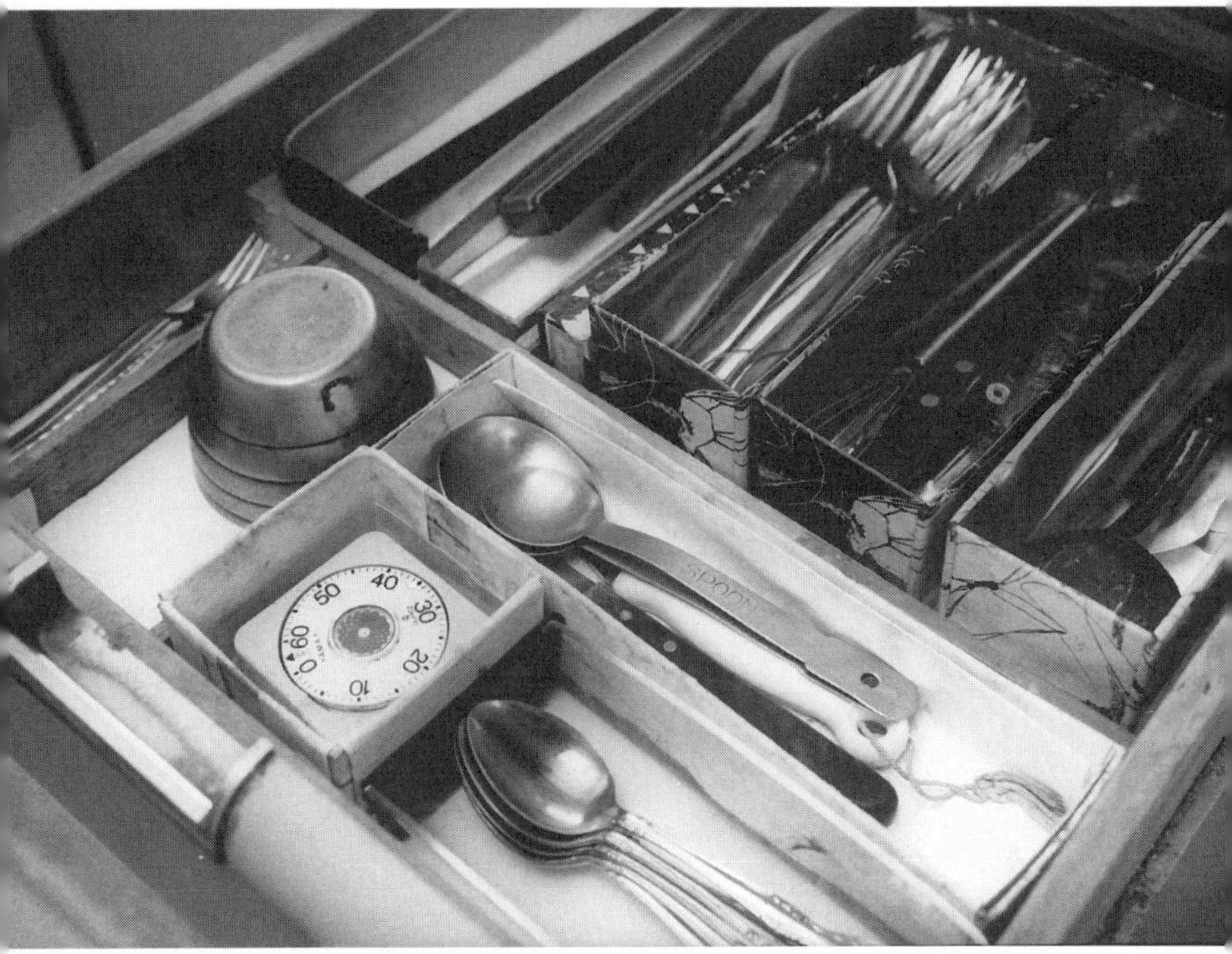

タイマーはキッチンの引き出しの定位置に。使う時は、引き出しを開け、定位置のままでセット。出したり戻したりの手間いらずです。

会合の内容によっては際限なく続くことがあり、その割に物事が決まらずに終わってしまうこともあるよう。そんな時、司会する人が最初に、

「今日は○○のような内容で進行して、○時ごろには終わるようにしたいと思いますのでご協力をお願いします」

と集まった人に告げると、メンバーは「それではテキパキと進行させましょう」と心づもりができるし、人によっては会合のあとの予定が立てやすくなり、気持ちにメリハリがつくものです。場合によってはその時間には終わらないこともあるかもしれません。が、一応終わりの時間を決めることで集中して仕事ができます。

ある料理の講習会でのことです。調理と試食が終わり、あとは片づけるだけという時、

「じゃあ、片づけは十五分で済ませましょうよ」

と提案してみました。手分けして片づけをすると、かなりの洗い物があったにもかかわらず、十二分で片づいてしまいました。

このような会のあとの片づけタイムは、行事が終わってホッとするのかおしゃべりの花が咲いてなかなかはかどらないこともあります。その気になって手早く片づけてしまうと、おしゃべりもゆっくりできるもの。

嬉しかったのは、その中のメンバーがあとでその場にいなかった人に、「今日はすごく

いい勉強会だったのよ」と話していたことを知ったことです。終わりの時間を区切って仕事をすることで味わえる充実感は心地よいものです。

公の時間と、家の仕事、自分の時間――人の時間は三本立て

私の時間はおおよそ次の三つに分かれています。

一つは、家庭の主婦としての仕事です。

もう一つは、公の仕事と呼んでいるもので、「友の会」の役割をしたり、講演に行ったりする公的な活動です。私は職についた経験はないのですが、この活動は私にとって大切な仕事です。

そしてあと一つが「自分の時間」で、読書や、機を織ったり、服を作ったり、また旅行したり、絵画展を見たりする時間がこれにあたります。

どなたにもこの三つの時間があると思います（仕事を持っている方は「公の時間」が「仕事の時間」になるでしょう）。この三つはいずれも譲れず、それぞれに予定があります。時によっては、公の仕事が多くなることもあり、自分の時間が短くなることがありますが、

時間を上手に使ってどの時間も充実させていきたいものです。

重ね仕事のすすめ

私は同時に二つの違う仕事をすることが多く、これを「重ね仕事」と呼んでいます。たとえば、洗濯機を回している間に掃除をしたり、ラジオを聞きながらアイロンをかけたりすることはみなさん誰でもしていることでしょう。

私はレンジ以外のキッチンの掃除をする間はお湯を沸かしたり、煮物を火にかけることにしています。またパンの発酵をさせている間にガラス拭きなどもできるでしょう。

重ね仕事のコツは、

○手をかける仕事

○手がかからない仕事

を組み合わせることにあります。やさしい仕事からはじめていくとたいへん効率的です。また同時進行することと併《あわ》せて、今している仕事の次は何をするかを考えながらするとうまく仕事が回っていきます。

✱仕事はなるべく早く終わらせます――早い仕事でゆとりを

仕事はなるべく早く終わらせるようにすると、ゆとりの時間を生み出すことができます。どうしたら早くできるか、小さなことですが、以前、わが家では食後に、食卓の食器をキッチンの流しに運んで洗い終わるまでに約二十分かかっていました。

わが家の食卓はキッチンの中にあるといっていいほど近くなので、これでいいと思っていたのですが、そこをさらに工夫して、大きめのお盆を使って一気に食器を流しに運ぶと時間が節約できることがわかりました。

また、冷蔵庫の掃除には約二十分かかっていましたが、それまでドアポケットの底まで外して洗っていたのを、不用の裏白の紙を底の大きさに切っておいたものをまとめて作り、紙を取りかえるだけにしたところ、約十分で掃除ができるようになりました。裏白の紙は要らない紙が出た時に同じ大きさに切って、丸めて輪ゴムで止め、台所の決まった場所においておきます。――こんなふうにちょっと考えることで早く出来上がる方法はあるものです。

ちょっとした時間を使ってできること

手紙の返事や頂き物のお礼状は、時間を置かずにすぐに出しましょう。「そのうちに」と思っていると忘れてしまったり、間延びしたタイミングで出すことになりがちです。ハガキや便箋《びんせん》と封筒、切手は常備します。私はハガキと切手をいつもバッグに入れておきます。急ぐものにはあらかじめ宛名《あてな》を書いておくと、出先でちょっとした待ち時間に書いて、近くのポストに投函することができます。

どれぐらいの時間があれば、どんなことができるかをあらかじめ知っておくと、ちょっとした合間に仕事ができます。私の場合は次のような仕事ができます。

●三分でできること

セーター洗い・食器洗い・きゅうり五本の薄輪切り・玄関を掃く・食器拭き・廊下のカラ拭き・洗面所を洗い流す

●五分でできること

洗濯物の始末・洗濯物干し・オニオンドレッシングを作る・炒り豆腐・レンジ回りの壁

を拭く・流しの下を拭く

● 十分でできること

クローク の掃除・衣類の手入れ・厚焼き卵を作る・味噌汁を作る・冷蔵庫の掃除・庭の散水・家具を拭く

ちょっとした時間にも仕事を入れていくことは、一見、せわしなく思うかもしれません。しかし、この方法はたくさんの仕事をすることが目的ではありません。決められた時間に効率よく仕事をして、あとはゆっくりする時間、自分の好きなことをする時間を生み出すことが目的です。前にも紹介したように「よく働く人は休息上手」なのです。

仕事を始めるためのきっかけ作り

――億劫《おっくう》を感じた時の小さな仕事

仕事が重なって疲れた時など、しなくてはいけない仕事があっても、ちょっと億劫だなと感じることがあります。

そんな時は前もって、一つだけきっかけ作りの小さな仕事をしておくと楽に仕事がスタートできます。

たとえば私は、朝のうちに玄関を掃除しますが、前の晩に、玄関マットをあらかじめ取り除いておきます。朝、「ちょっと掃除が億劫だな」と思うような時でもマットがはずしてあるのを見ると、誘われるように掃除を始められます。

また、私は洋裁をするのが好きですが、外出する予定がある時は帰って来てから始めやすいように、前の晩、くつろいでいる時に生地を裁《た》つまではやっておくことがあります。次の日にすでに裁ってある生地を見ると、まるで私が仕事を始めるのを待っていたかのように感じ、自然に手が動き始めます。

このことを知人に伝えると、さっそくこんな工夫をしたそうです。

○ゴミを家中から集めるのが億劫と感じる場合↓ゴミの収集日の前の晩にゴミ袋に紙くずのゴミだけでも入れておく。朝、キッチンの生ゴミを入れるとそれですぐゴミを出すことができます。

○帰宅後に窓ガラスを磨こうという場合↓洗剤と布を出して置いておく。

仕事を誘導するきっかけになる小さな仕事をみなさんも探してみて下さい。

CHAPTER

2

おいしくしっかり食卓のアイデア

01

食生活は健康の基盤です

日々の食事は〝強い心〟も作ります

家の仕事はおおむね衣・食・住に分類され、どれも大切な仕事です。が、一番大事なのは「食べること」にかかわる仕事だと思います。

食事として摂取した食物は三十分後には濃い血液になりその日の疲労を回復させ、毎日の心身を支えます。食事は生命の元なのです。

家族がしっかり仕事や勉強をして体と頭を動かしたあと、次にまた体と頭を精一杯回転させるためにしっかり食べること。その日にあったことを話しながらおいしくいただく。そんな毎日を送っていれば、多少悩みがあったり困った事態になってもそれに負けないで物事にあたっていける強い心も作られるのではないでしょうか。必要な栄養をバランスよくしっかり食べてしっかり動く、そしてまたしっかり食べる、この繰り返しが健康の基本だと思います。

わが家は今、私が七十五歳、夫が八十五歳ですが、二人とも極めて元気です。先日、知人が来訪してわが家で昼食を共にしました。

たまねぎたっぷりのボローニャ風ソースをかけた手作りパスタ、それ以上にたっぷりの野菜サラダ、果物にコーヒーというメニューでしたが、私たち二人がそれらを平気で食べるのを見て、私より一世代若い知人が「よく召し上がりますね」とびっくりしていました。おかげで、夫は風邪一つひくこともなく毎日のように車を運転して図書館に通うなど、悠々自適の生活を楽しんでいます。毎日の食事の積み重ねが高齢になっても健康でいられる秘訣なのではないかと感謝と共に思っています。

最も大切なのは〝おいしくいただく〟こと

食べることで一番大事なのは何でしょう。それは〝おいしく食べる〟ということです。

おいしく食べられるからこそ、栄養も効率よく吸収され、食事のひとときが楽しめます。

では、おいしく食べるにはどうしたらいいのでしょうか。

それは季節の旬の材料をたんねんに選び、ひと手間かけて工夫することだと思っています。おいしい料理とは心の通った味のことなのではないでしょうか。

私はいつも夏の盛りから秋にかけて、「茄子《なす》の南蛮漬け」をたびたび作ります。茄子がもっともおいしい時期に作る私の定番レシピです。市場で茄子を買い、乱切りして水気を拭き素揚げしてすぐに三杯酢（酢三：しょうゆ三：砂糖一の割合で作る）に漬けて冷蔵庫で冷やします。それはそれはおいしいものです。

最近では冷凍食品が豊富に出回り、揚げた茄子でさえパッケージされ市販されていると聞きます。それも便利でいいとは思いますが、旬の季節に茄子の顔を見ながら選び、作りたてをいただくおいしさは格別で、これがほんとうの贅沢《ぜいたく》なのではないかと思っています。

おいしいお料理をさっと用意する工夫

食事はおいしくいただくことが大事、そのためには工夫された心のこもったお料理を作

りたいもの、ということをお話ししてきました。しかし、若いおかあさんなどは、

「子どもが小さくてなかなか台所に立つ時間がとれなくて、あっという間に夕方になってしまいます。ひと工夫したお料理など作れないのですがどうしたらいいでしょう」

また、仕事をしている方からも、

「仕事を終えてからの食事作りは、時間がなくてたいへんです」

などという声を聞きます。

実際、夕方のスーパーマーケットや百貨店のお惣菜売り場はたいへん賑《にぎ》わっています。仕事帰りと思われる女性が、腕から買物袋をいくつもぶら下げていたり、子どもを連れた若いおかあさんの姿も見受けられます。

「今から帰宅してご飯を作って食べるのはたいへんだろうなあ」

と思います。材料を揃えて短時間で一気に仕上げるお料理もなかなかダイナミックで素晴らしいとは思いますが、いつもいつもこのようなやり方でいれば、心にゆとりがなくなってしまうのではないかと心配です。

時間がない中でもおいしいものを作るには、工夫が必要です。手間を省きながら、しかも手作りのおいしい料理を作るのは難しいようですが、ちょっとした工夫で案外簡単にできます。その方法をご紹介しましょう。

02

工夫しだいで時間と心にゆとりができます

二十分で夕食の用意ができます

私も午後、手仕事に熱中していて、気がつくと夕飯のしたくをする時間になっていることがあります。私はずっと専業主婦で仕事を持つことはなかったのですが、「友の会」の用で帰宅が遅くなった時、台所に立つ時間をなるべく短くしたいと思ってやってきました。自分の時間も楽しみ、しかも家の仕事も愛情をこめてやっていきたいなら、工夫が必要です。私は夕飯を二十分で用意することを目標にしています。

一から作らずに八から作りましょう

「二十分でクッキング」というのはテレビ番組でも料理研究家の方がよく紹介していますね。材料を切り始めて盛り付けるまでを二十分間でするのですからとてもスピーディー。

プロの料理研究家がするので手際よく、きれいに整った食卓があっという間に出来上がるのですが、同じことを一般の主婦、特に家庭生活をはじめたばかりの方が真似《まね》るには無理があるかもしれません。短時間で何もかもしようとすると、栄養のバランスが取れていなかったり、市販の半調理品を使って不経済だったりすることのほうが多いのではないでしょうか。

私が二十分で食事の用意をというのは〝スピードクッキング〟ではなく、素材を前もってある程度まで調理して保存しておく方法です。食事の支度をする時には、それらを組み合わせたり、味付けして仕上げるだけなので二十分で済むのです。

つまり一から作るのではなく、八から作ることで短時間に仕上げる方法なのです。このやり方だと時間と心にゆとりができ、しかも愛情のこもったおいしいものができ、経済的でもあります。

準備は万端、キッチンに立たずにご飯の用意

先日こんなことがありました。娘が同窓会に出席するために帰郷した時のこと。神奈川県に住む娘とはなかなか会うことができません。久しぶりに会って夫と三人でおしゃべりが弾みました。私はタンシチューを用意していました。タンシチューは私の得意料理で娘も大好きです。

私はいつもタンをボイルして冷凍庫に常備してあるので、前日に取り出して解凍し、野菜も切っておきました。娘の顔を見てからそれらを鍋にかけ、私たちは心ゆくまでおしゃべりに興じました。お腹が空いてきたころシチューは出来上がっていました。その間、私がキッチンに立ったのは、煮え具合と味加減をみるための数回、二〜三分だけ。出来上がった時、みんなでパンとたっぷりのサラダを食卓に並べておいしい食事の時間になりました。

子どもが小さいころ、もうじきご飯というころに子どもとおしゃべりする時間が私は大好きでした。夕食の準備はほとんどできていて、お鍋の中で温かくなっています。学校や外遊びから帰ってきた子どもは、その日にあったことをいろいろ話したいものです。そん

一から作らず八から作るために、素材をまとめて調理し、冷凍保存してある。

な時に、台所にこもりきって忙しく立ち働くのではなく、リビングや食卓でじっくり話を聞くことはとても大切だと思います。

もう少し大きい子どもも勉強をしたり、運動をしたりしてお腹がペコペコで帰ってくるでしょう。そんな時にパッと食事が出せること、もし大人がいない場合でも食事が用意されていることは大事だと思います。

そのためにはどうしたらいいかをこれから具体的にお話ししていきましょう。

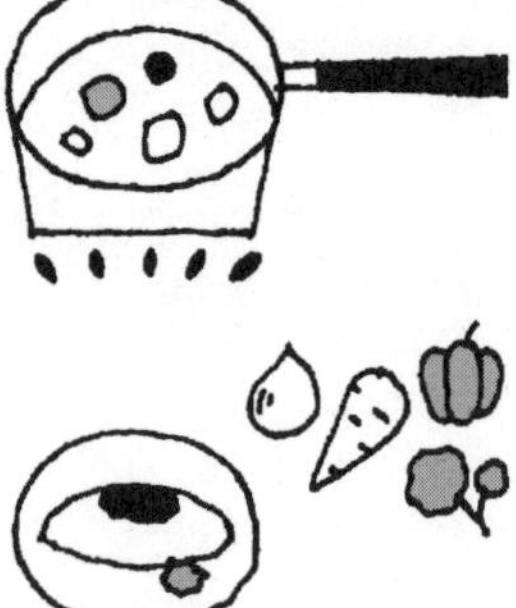

03

まとめ買いで時間と食費が節約できます

わが家のまとめ買い

まず買物のしかたから紹介しましょう。

私は、一週間分の買物には七十分を充《あ》て、予算は二人分七〇〇〇円と決めています。

一週間分の料理材料を一度に買う時間をおおよそ七十分と決めているのは、一日分の買物時間を十分として合計したものです。近所の商店街に新鮮で安いものが豊富に揃ってい るので毎週土曜日の午後、夫に車を運転してもらって行くことにしています。

現在、わが家の副食費の予算は夫婦二人分を七〇〇〇円、そのうちの約三分の一の二〇〇〇円強を肉や魚などの動物性蛋白質《たんぱくしつ》を購入することに充てるようにしています。

買物に行ったら、まず最初にこの動物性蛋白質を選びます。新鮮で安く、料理の応用が利《き》くもので廃棄量の少ないものを求めます。

次に残りの約五〇〇〇円で乳製品・野菜・豆類・海藻類・果物を購入します。

買物のポイントは次のようなことです。

❶豆類と海藻類は一日のうち一回は必ず食卓に上るようにする。
❷青菜を必ず購入する。
❸その他の野菜は旬《しゅん》のものを中心に買う。

私のある週の買物を紹介してみましょう。夫婦二人分の副食費の買物の例です。

次のようなことを念頭にこの買物をしました。

❶動物性蛋白質では、豚のヒレ肉・牛のスネ肉は廃棄量が少なく、何にでも応用が利くのでよく求めるものです。

❷乳製品は牛乳を配達してもらって必ず朝食に一日の所要量一人二〇〇ミリリットルを飲みます。買物に行った時に求めるのはチーズなど、これは手作りのパスタ用です。

❸栄養の中でももっとも大事なのは青菜です。年齢を問わず、ビタミンと繊維素は重要な

栄養素。緑の野菜が不足している子どもが多いと聞きます。工夫をしてバランスよく食べたいものです。

❹果物は高価ですが、野菜から摂れるビタミンが加熱によって損なわれることが多いのに対して、生でビタミンを摂ることができる食品です。わが家では毎日グレープフルーツなどを一人一〇〇グラム（ちょうど半個分）いただき、あと五〇グラムを旬のフルーツでいただくようにしています。

わが家のある週のまとめ買いの例

（2人分）

■動物性蛋白質		
豚ヒレ肉		800 g
いか	3杯	800 g
あじ		7尾
■乳製品		
パルメザンチーズ		50 g
■卵	1パック（10個）	
■豆類		
納豆		90 g
あげ		130 g
豆腐		2丁
■野菜		
パセリ	40 g	（4本）
ねぎ		1本
小松菜		2わ
ほうれんそう		1わ
白菜	400 g	（1/2株）
にんじん		3本
大根		1本
ごぼう		2本
たまねぎ		2個
キャベツ		1個
■芋類		
じゃがいも	1 kg	（5〜6個）
■くだもの		
グレープフルーツ		5個
ぶどう		2房
なし		6個

〃まとめ買い〃すると食費も把握しやすい

このような〃まとめ買い〃の良いところは何でしょう。

❶時間の短縮

まとめ買いをするとまず時間の短縮になります。

買物は食事作りには欠かせないノルマだと思っている人も多いようですが、そんなことはありません。

❷家計が把握しやすい——複雑になりがちな副食費欄がとてもシンプルに

また家計を把握する点でも利点があります。毎日買物に行くとお財布の中身を把握できず、今どれくらい使っているのかわからなくなりがちですが、週に一度だと、現在使っている額と残りの額が見えやすくなります。

どこの家庭の家計簿も副食費の欄がもっとも複雑になっています。でも私の家計簿の副食費の箇所は週に副食費が七〇〇〇円弱。一カ月で約二万七〇〇〇円に宅配の牛乳代が加わるだけ。週に一度まとめた金額が記入されているだけなので、とてもシンプルでわかりやすいのです。

私は二人家族ですので一週間に一回の買物で済んでいますが、大家族の場合は一週間に二回買物に行ってもいいでしょう。

❸ムダな買物がなくなります

買物に毎日行くと、ついつい要らないものを買ってしまいがちです。「いずれ要るのだから」と食品を買うこともあるでしょう。また、忙しい時などはお刺し身や惣菜品などすぐに食卓に出せるものを求めがちです。その日の夕食の買物をその日の午後にするというのではついつい買物が増え食費が割高になるもとです。私は家族が多い時期でも、買物をするのは多くて週に二度、一つの材料を使い回して無駄のない生活をしていました。

でも、「ゼッタイ買物は最低限に」と押さえてキリキリと暮らすのはつまらないでしょう。買物も暮らしの中の楽しみ。少し遠出して産地直売品を買ったり、朝市見物をするのも楽しいものです。

✴︎食費にはいくらかければいい?

食事は人の命を支えるためにもっとも大事なこと。一般に食べたものは三十分以内で血になるといわれているように、体や頭を回転させるためにはまず食事をしっかり摂ること。よく雑誌で紹介されているように「食費はまだ削れる」などと努力するのは本末転倒といえるでしょう。

贅沢でなく、貧弱でない過不足のないバランスの取れた食生活のための費用はどれくらいかければいいでしょうか。私は次のように考えてきました。

❶副食費は一日五〇〇円を基本に

栄養バランスを考え、私の長い間の経験から得た感覚も併《あわ》せると、現代の一般的な家庭の副食費は、一日一人五〇〇円を基本に考えるとよいのではないかと思います。

もちろん、それぞれの家庭の暮らし方、いただきものが多い家庭、また、スポーツを熱心にしている家族がいるなど、事情は様々あるのでハッキリと決めることはできません。また大都会と野菜や産直の海産物が安価に手に入りやすい地方とでは物価の差もあると思います。しかし、それらの事情を含めても、だいたいは一日五〇〇円を基本に考えて副食費を心づもりするとよいのではないかと思います。

我が家の場合は二人家族ですから、計算すると一カ月の副食費は三万円になります。宅配される牛乳代を除いた額が約二万七〇〇〇円。さきほど週に一度の買物の予算が七〇〇

○円弱と紹介したのは、このような基本を目安にしたからです。

〔四人家族の場合を例にすると〕

たとえば、四人家族の場合で計算してみましょう。一日の副食費を五〇〇〇円にすると、家族四人で二〇〇〇円、一カ月で六万円になります。

そして、この三分の一を肉や魚の動物性蛋白質の購入に充て、残りを野菜や果物、乳製品などに充てます。おやつや飲み物などの嗜好品などは各家庭で裁量するものですが、以上のような大体の目安量を頭に入れておくと、買物の時に迷うことも少なくなります。

このように副食費の予算をおおよその範囲でよいので決めておくことで、自然に栄養のバランスを取ることもできます。

予算を決め材料を買っておけば、一週間を見通せるので毎日の献立が立てやすくなり、その日の午後になって慌てることも少なくなります。

❷動物性蛋白質（肉・魚）は一〇〇グラム一五〇円を目安に

副食費の中でもっとも大切なのが動物性蛋白質の購入です。

その価格の目安は一〇〇グラム一五〇円です。安価な鶏肉や、牛と豚の合挽き肉を購入したり、ある時はローストビーフを作るなどで牛のかたまり肉を求めることもありますが、平均して一〇〇グラム一五〇円を念頭に置いて買うと、適当量の食事を用意することができます。

スーパーマーケットで新鮮で価格の安い肉・魚があれば買っておきましょう。下ごしらえをして冷凍しておけば、栄養が豊富で安価な一品が食卓に上るでしょう。また、買う時は豚ヒレ肉や牛スネ肉、鶏ムネ肉、鶏ささみ肉などなるべく廃棄量の少ないものを選ぶと無駄がありません。

❸野菜やカルシウムを家族それぞれがしっかり摂りましょう

家族それぞれがどれくらいの栄養を摂ればよいかもだいたい頭に入れておきます。たとえば、成人した男女で野菜は一日四〇〇グラム必要です。小学生も同じですが、中高生の育ちざかりの子どもはそれよりやや多く必要です。緑黄色野菜を取り入れながら、バランスよく買います。

野菜の量を知りたい時に便利なのが手のひらです。生の野菜を片手に山盛りした量がだいたい一〇〇グラム、両手に山盛りすると二〇〇グラムになります。はかりがなくてもこの〝手ばかり〟が役立ちます。

注意したいのは、必ずしも小さい子どもたちが少ない量でいいということにはならない、ということです。特に乳製品は、乳幼児から中高生までは、成人男女の約二倍量が必要です。

また、高齢になっても骨を丈夫に保つためにはしっかり乳製品を摂りたいものです。

よく小さい子どもを持つおかあさんが「うちはまだ子どもが小さいから食費は少なくていい」などと言うことがありますが、それは間違いです。

また最近では、粗食をよしとして、あまり食べないほうが健康にはよいという考えもあるようですが、やはり健康を保つためには食べることは大事です。家族それぞれが必要な量をしっかり食べ込むようにしたいものです。

04

「まとめ作り」なら食事作りの手間が省けます

ちょっとした下ごしらえがあとで生きる嬉しさ

さあ、次の段階です。

鍋ものに使うためにネギを買って、残ったら小口切りにしておき、その後おそばやおうどんの薬味に使い回すということは、どなたもしていることと思います。その時、「ネギを小口切りにしておいて良かった」と手間が省けたことを嬉しく感じたと思います。それをさらに発展させて、素材を充分に使い回そうというのが私がおすすめする「まとめ作り」です。

私も長い間、この方法でやってきましたが、そんな私でも時々、「どうしてこれを今するのだろう」と思いながら作ることがあります。しかし、そのあとで、作っておいた物がピタッとはまるように役に立つことがあるのです。

たとえば、煮物を作っていて「ここに青い野菜が欲しいな」と思った時に「そうだ、冷凍庫に茹《ゆ》でたほうれん草があった」と気づいたり、スープの具にもう一品欲しい時、空きビンの中に戻して保存しておいたしいたけが利用できたり、それがさっと出てくるのは我ながら不思議で、その嬉しさは格別です。「この時のためにあの用意があったのだ」と手を打ちたくなります。また、仕事や外出で不在にする場合も、半調理したものが冷蔵庫や冷凍庫にあれば、家族が楽に食事を用意することができます。

ちなみに、先ほど紹介した、わが家で買った一週間分の材料がどのように下ごしらえされて食卓に上ったかを紹介しましょう。

《豚ヒレ肉》自家製焼豚を作ります。ほかに豚ヒレ肉のワイン煮なども（八八ページ参照）。

焼豚の作り方

①豚ヒレ肉一本を半分に切って、しょうゆ大さじ五、酒大さじ二、塩小さじ三分の一、みりん、こしょう少々と共にビニール袋に入れて空気を抜き、一晩漬け込む。肉をタコ糸

で縛り、フライパンで表面を焼き、たれと共に圧力鍋で十分ほど加熱する（普通の鍋なら三十分ぐらい）。

②鍋から肉を取り出し、たれを煮詰め、肉を戻してからめる。

《卵》卵（十個パック）は安い時に買っておきます。

①五個は生パスタに練り込むために使います（作り方は一〇六ページ）。温泉卵にしてもよいでしょう（作り方は八一ページ）。

②あとの五個は錦糸卵を作って冷凍します。ボウルに卵を割り入れて混ぜ、フライパンに油を熱して薄焼きにし、冷めたら千切りして、保冷袋に入れて冷凍します。なるべく大きなフライパンを使うと少ない回数でできます。冷凍庫で二カ月もちます。

卵は一人一個使ってしまうと摂りすぎになることがありますが、錦糸卵だと分量を加減でき摂取量を調節することができます。

《いか》新鮮ないかがあれば即座に求めます。

半分は中華料理に。皮をむいて短冊に切り、ゴマ油で野菜といっしょに炒《いた》め、水溶きかたくり粉でとろみをつけます。

あとの半分はミートミンサーで挽《ひ》いていかダンゴにしても。足や内臓部分を挽いて卵白とかたくり粉を入れてこね、ダンゴにして茹でてから冷凍します。お鍋に入れたりスープに入れるなどたいへんおいしくいただけます。

《あじ》南蛮漬けにします。

私の南蛮漬けは油で揚げずに焼いて、甘酢に漬けるという簡単で、さっぱりヘルシーなものです。あじは内臓と頭を取り、身に切り目を入れて魚焼きで焼き、甘酢に漬けるだけ。らっきょうの漬け汁を利用するのもいいでしょう。たまねぎのスライスを加えるとマリネ風の南蛮漬けになります。いつでも手軽にカルシウムを摂ることができて重宝します。

《豆腐》二丁の木綿豆腐でがんもどき一二個を作ることができます。

がんもどきの作り方

①豆腐をふきんに包んで一時間重しをして水切りする。
②豆腐をつぶしてつくね芋（なければ里芋）五〇グラムをおろし、きくらげ一〇グラムを戻したもの、ささがきしたごぼう一〇〇グラム、千切りしたにんじん五〇グラム、銀杏《ぎんなん》（缶詰め小一缶）を入れ、混ぜる。

③これを一二等分して手に油をつけ丸め、油で揚げる。天つゆでいただく。

《小松菜、ほうれん草》茹でて冷蔵庫または冷凍庫で保存します。

《ねぎ》小口に切り、半分は冷蔵庫、半分は冷凍庫で保存、薬味に使います。

《じゃがいも》洗っておくと使いやすいでしょう。みそ汁にしたり、梨もどき（作り方は七九ページ）に。

《にんじん》にんじんグラッセを作ります。

グラッセを作って冷凍しておけば、野菜が不足だなと思う時に取り出して肉料理のつけ合わせに利用できます。子どものいる家庭には常備しておきたいもの、お弁当の一品としても重宝します。

にんじんグラッセの作り方

①にんじん二本は五センチ長さに四つ割りする（面取りすると煮崩れしにくい）。

②ひたひたの水で下茹でし、茹で汁を少し残してそこに砂糖大さじ一、バター大さじ一、

塩少々を入れて汁がなくなるまで煮含める。冷凍もできる。

★お鍋を五回洗う手間が一度ですむ楽しさ

このように「まとめ作り」をしておき、小分けして冷凍したり、ビンや密閉容器に保存しておくと、使うたびにお鍋類を洗う手間が省けるので、後片づけが楽なのも嬉しい点です。

食卓に三種類の品を出す場合、全部その日に作っていたら五つぐらいのお鍋を洗わなくてはいけませんが、「まとめ作り」したものを二種類利用したなら、その日に洗うお鍋は一つぐらいですみます。保存してあったフリーザーバッグやポリ袋はきれいに洗えば何回も使うことができます。

CHAPTER

3

「まとめ作り」ノートからのアイデア

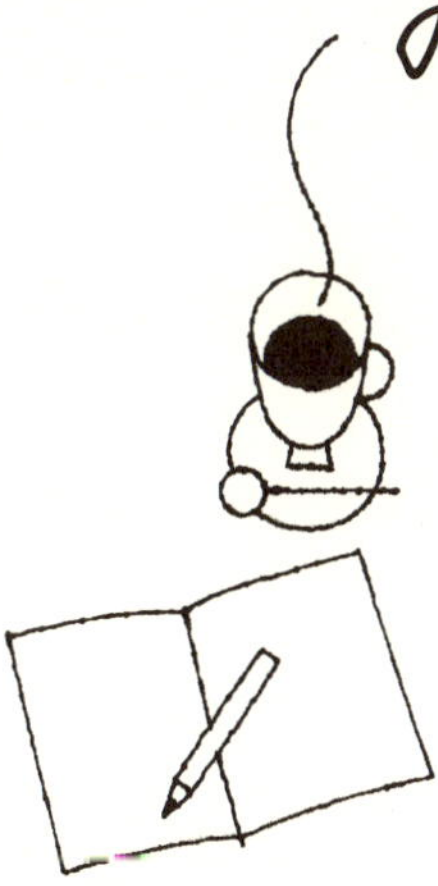

01

素材に一手間かける、それが時間を生む秘訣

あとで生きる、今の一手間

この章では、私のレシピから、誰でもできて応用範囲が広いものばかりを集めて紹介しましょう。

まとめて買ってきた材料は早いうちに下ごしらえして保存しておくと次の一週間、食事の支度をする時に手間と時間を省くことができます。切ったり茹でたりすることをまとめてしてしまうのですから、たとえば五回まな板を出し入れしたり、お鍋を洗っていたのが一回で済みます。それは、ある程度まで調理してあるというだけでなく、ちょっと一手間かけて下ごしらえしてあることでも違ってきます。

たとえば、疲れた時など、冷蔵庫に切った野菜があったり、じゃがいもが洗ってあると思うだけでも台所に立つことが億劫ではなくなることはないでしょうか？

この方法、両親を介護していた時期に役に立ちました。わが家は夫の両親が高齢になった時に二人を迎えました。義父が九十四歳の生涯を閉じるまで三年半の寝たきりの期間を含め十三年間は老人食に取り組みました。

スープや軟らかい煮物などを常備するためにも、この「まとめ作り」は効力を発揮しました。その時期、夫の弟妹たちも随時わが家を訪問してくれました。両親にとって子どもたちが訪れるのはなによりの慰めでしたので、私も弟妹たちの訪問を迎え、いつ、誰が来訪してもすぐに食卓の用意ができたのは、やはり「まとめ作り」のお陰だと思っています。

ちょっとしたこんな一手間が生きてきます

❶洗っておく（泥のついた芋を洗っておくだけでも気分が楽です）

❷切っておく（野菜などは切っておくと調理にかかりやすいです）
⬅
❸漬けておく（魚などを味噌漬けなどにするとすぐ調理できます）
⬅
❹加熱しておく（肉や野菜などを茹でておけばあとは味つけだけ）

◆こんな一手間①肉類――肉は買ってきたら早めに味をつけたり加熱して保存

○鶏肉＝下味をつけて冷凍庫か冷蔵庫に保存。ささみは、塩と酒を振りかけ、電子レンジで二分加熱してから冷凍保存する。骨つきもも肉は塩・こしょうしておくと料理がしやすい。

○豚コマ肉＝塩、こしょうで下味をつけて炒めて冷凍。

◆こんな一手間②野菜――鮮度を保持するために

○青菜（ほうれん草、小松菜など）＝野菜類は時と共に鮮度が落ちて行くもの。買ってきたらすぐに固めに茹で、ペーパータオルにくるんでしっかり水気を取る。ラップの上に並べ巻いて冷凍する。解凍する時は上から水をかけるとすぐにはずれる。ここまでやっておけば切って味噌汁の具にしたり、おひたしも簡単に作れる。
○きゅうり＝二本を蛇腹《じゃばら》に切って塩少々を振り、半日重しをかけ、汁気を絞ってサラダオイルをまぶしておく。お弁当の彩りに最適。または、小口切りして薄塩をしてビンに入れておく。酢の物、和え物、サラダに加えるとおいしい。
○白菜＝ナムルにする。

作り方

二分の一株を二つに割りそのままさっと茹でる。芯を取り、五センチ幅に切り、容器に並べる。戻して千切りした干しいたけ二〜三枚、とうがらし一本、しょうが一かけをごま油で炒め白菜の上に流す。うす口しょうゆ、砂糖、酢、各大さじ二、塩小さじ二分の一と、しいたけの戻し汁三分の一カップを煮立て、上からかける。冷めたら冷蔵庫に保存する。
○キャベツ＝二分の一株を千切りにしておく。缶詰の貝柱をほぐし、汁とマヨネーズ大さじ三を合わせたものでキャベツと貝柱をあえる。またはベーコンをカリカリに炒めたものをかけていただいても。
○もやし＝洗って茹でるか、電子レンジにかけ冷蔵庫で保存する。
○カリフラワー、ブロッコリー＝固めに茹でて冷蔵庫に。

炒めたまねぎの作り方
onion
いろいろ
使えます！
カレーに
グラタンに
スープに
トマトソースに

○たまねぎ＝炒める。スライスしたたまねぎをじっくり炒めておく。安い時に買っておいて一〇個分をきつね色になるまで一度に炒めておくとカレーやオニオンスープ、シチュー類が楽にできる。

○にんじん＝千切りして熱湯をかけ、甘酢（砂糖二：酢二：水一の割合で混ぜる）につけておく。サラダに入れるといい彩りになる。

○大根＝短冊に切って二％の塩をしておく。

○にんにく＝用途によって二種類作ると重宝。一つはスライスしたもの。一つはフードプロセッサーでみじん切りしたもの。私はそれぞれひたひたのオリーブオイルにつけて保存しておく。一度ににんにく一〇個分を作る。スパゲティを炒めたり、トマトソース、ミートソースなどイタリア料理を作る時など用途は広い。

◆こんな一手間③芋類――洗って泥を落とすだけでも

○じゃがいも＝「梨もどき」を作る。これはまるで梨のような歯ごたえがあるのでつけた名前。朝食のサラダに欠かせない。

作り方

じゃがいもは五ミリの拍子木切りにし、水洗いして水気を切る。甘酢（砂糖二：酢二：水一の割合で混ぜる）を沸騰させた中に、鍋の底一列に並ぶくらいの分量ずつさっと入れてじゃがいもが透き通ったらあげる。茹でた甘酢が冷めたらビンに入れ、保存する。ベイリーフ一枚、たかの爪一本を入れておくと香りづけになる。

○その他芋類＝買ってきたらその場で泥を落とし、きれいに洗っておく。それだけでも後日台所に立った時、一手間が省けて嬉しいもの。

◆こんな一手間④乾物

○干しいたけ＝水で戻して石突きを取り、戻した汁ごとビンに入れておく。私は一度に一〇枚ほど用意している。スープに入れたり、肉料理や煮物、炒め物など何にでも使える。

◆こんな一手間⑤卵

錦糸卵の他、温泉卵をまとめて作っておくと便利。冷蔵庫で一週間はもちます。

作り方

卵五個を冷蔵庫から出して、約一時間おき室温にもどす。一・五リットルの水を沸騰させて火を止め、卵をお湯の中に入れる。夏なら十分、冬なら二十分入れておくと温泉卵ができる。だし、しょうゆ、みりんを四：一：一の割合で合わせたたれでいただく。

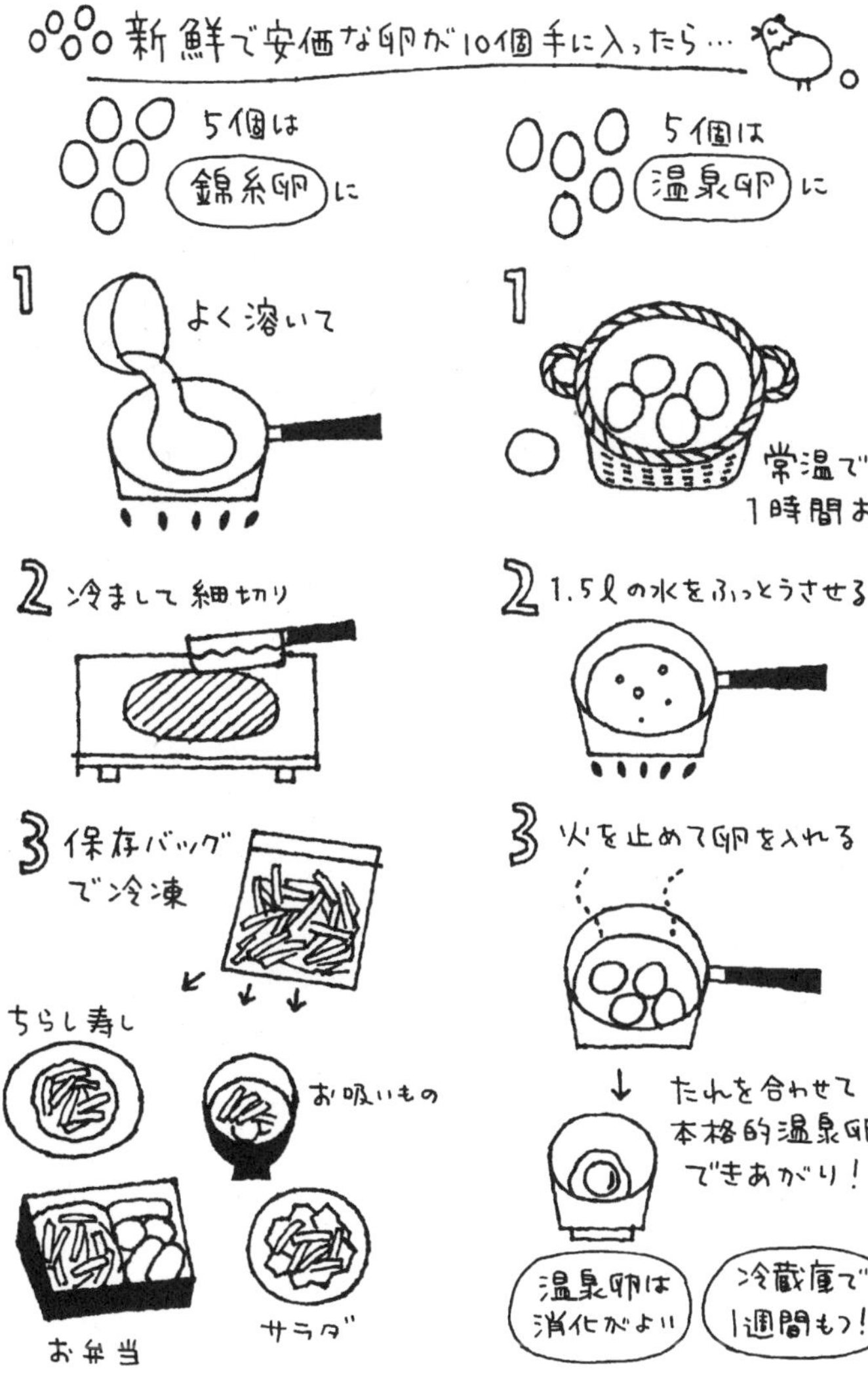
新鮮で安価な卵が10個手に入ったら…
5個は
錦糸卵に
5個は
温泉卵に
1
よく溶いて
1
常温で
1時間おく
2 冷まして細切り
2 1.5ℓの水をふっとうさせる
3 保存バッグ
で冷凍
3 火を止めて卵を入れる
ちらし寿し
お吸いもの
お弁当
サラダ
たれを合わせて
本格的温泉卵の
できあがり！
温泉卵は
消化がよい
冷蔵庫で
1週間もつ！

02

子どもがいる家庭に常備しておきたい保存食

練り込み

子どもが小さいころ、夕方一緒にいる時間をゆっくり過ごそうと思ってまとめ作りを始めたことは前にお話ししました。これはその初期に考えたものです。肉を食べたら同量の野菜を食べることが大事なので、肉と野菜を同量にしてあります。「練り込み」という名前には、充分な野菜と作る人の愛情も練り込まれていると思います。

材料

ピーマン、にんじん、たまねぎ、パセリなどの野菜五〇〇グラム、合挽肉五〇〇グラム、塩小さじ一

作り方

①野菜をみじん切りする。
②フライパンに油をひき野菜を炒め、しんなりしたら合挽肉を入れて炒め合わせ、塩で味をつける。合挽肉が安価な時に作ったり、冷蔵庫の残り野菜がある場合に作るとよい。
保存＝袋などに小分けして冷蔵または冷凍。冷凍なら二カ月もちます。
応用＝オムレツ、ドライカレー、チャーハンなどなんでも。コロッケを作る時もこれがあれば簡単にできます。豆腐と一緒に煮込んで麻婆豆腐にしたり、トマト缶と合わせるとミートソースも手軽にできます。

五目の具

鶏肉と根菜類をたっぷり煮た具。これも応用範囲の広いもの。これを炊飯器に入れてタイマー予約しておけば、外出していても一安心。知人に差し上げたところ、早速、炊き込みご飯にしたそう。その方の野菜嫌いのお子さんがお茶碗四杯もおかわりしたというエピソードもあるくらい、おいしい保存食です。

材料

鶏肉六〇〇グラム、油揚げ四枚、ごぼう二〇〇グラム、にんじん一二〇グラム、干ししいたけ一〇枚、その戻し汁一八〇cc、しょうゆ、みりん各大さじ四

作り方

①鶏肉は五ミリぐらいの大きさに角切りか、そぎ切りにする。その他は千切りにする。

②鍋に干しいたけの戻し汁を入れて沸かし、材料を入れて中火で約八分煮てしょうゆ、みりんで味をつけ、味が染みこんだら火を止めて冷ます。

保存＝四袋に小分けして冷凍した場合、一袋分が炊き込みご飯、五目ずしの一回分（米三カップの場合）になる。冷凍保存は、二カ月くらいを目安に。

応用メニュー＝

〈炊き込みご飯〉米三カップをといでしょうゆ大さじ二、酒大さじ二、塩小さじ二分の一を入れて水加減し、「五目の具」を入れて炊く。水加減する時に昆布一〇センチを入れるとなお良い。

〈五目ずし〉酢めし（米三カップを酒大さじ二を含めて水三カップで炊き、熱いうちに合わせ酢＝酢三分の一カップ、砂糖大さじ一と三分の一、塩小さじ一と二分の一を混ぜる）の粗熱を取って「五目の具」一袋を混ぜ錦糸卵を散らす。酢蓮根やかんぴょうの甘煮を入れてもおいしいもの。

〈いり豆腐〉軽く絞った豆腐半丁と、「五目の具」二〇〇グラムを鍋に入れ、ほぐしながら炒《い》りつける。しょうゆ小さじ一、塩小さじ三分の一で味をととのえ、卵一個を溶いて加えてとじ、きざみねぎを散らす。

●ハンバーグのタネ

以前、子どもたちを集めてお楽しみ会をした時に、おかあさん方が協力してミートボールスパゲティを作ったことがありました。

「いただきます」の声と同時にみんないっせいにてっぺんのミートボールをほおばったのには、大笑い。子どもたちはミートボールが大好きですね。

これはそんな子どもたちのために常備しておくと便利な魔法のタネ、作ろうと思っても、手間を思うと実行に移しにくいロールキャベツも、これがあれば、気軽に作れます。ハンバーグやミートボールにと、「練り込み」と同じように使い道はたくさんです。

材料

合挽肉一キログラム、たまねぎ大二個、パン粉二分の一カップ、牛乳五〇cc、卵二個、塩小さじ一、こしょう・ナツメグ少々

作り方

みじん切りにしたたまねぎを炒めて冷まし、材料すべてをよく練り合わせる。小分けしてポリ袋に入れ冷凍するとよい。大小作っておくと用途や人数に合わせて使い分けるこ

とができる。また、加熱して保存してもよい。大きめのハンバーグにして焼き、冷まして冷凍する。解凍してほぐしてカレーやチャーハンに使うこともできる。

ハンバーグに焼いて保存する場合

①パン粉と牛乳を合わせせしっとりするまでおく。
②たまねぎをみじん切りしてフライパンですき通るまで炒め、挽肉の半分を加え共に炒め、塩、こしょうをふりポロポロになったらバットに移し、冷ます。
③残りの挽肉をボウルに入れ、炒めた挽肉と混ぜる。
④ナツメグ、パン粉、卵を加えてよく練る。
⑤④を小判の形にまとめ、手から手へ七〜八回投げ合い空気を抜く。
⑥一センチの厚さに整え、フライパンに油をのばし、焼く。

和食に
1 五目の具
みりん
しょうゆ
とり肉
油揚げ
ごぼう
にんじん
干し しいたけ
2 8分煮て冷ます
3 小分けにして冷凍
ひりょうず
五目ずし
炊き込み ごはん
いり豆腐
子どもメニュー
1 練り込み
合挽肉 500g
野菜 500g みじん切り
2 炒めて冷ます
3 小分けにして冷凍
オムレツ
ドライカレー
チャーハン
麻婆豆腐
ミートソース
コロッケ
その他いろいろ!

03

かたまり肉の料理はいつでも切り分けて応用自在

お肉を使った料理はかたまり肉を求め、いろいろな用途に使えるように下ごしらえして保存しておくと、経済的ですし、さっと用意ができます。

●豚ヒレ肉のワイン煮

ヒレ肉は脂分が少ないのでカロリーオーバーを防ぎ、応用範囲が広いのも特徴です。

材料

豚ヒレ肉二本（約一キログラム）、塩大さじ一、たまねぎ中一個、白ワイン二分の一カップ（※圧力鍋ではなく普通の鍋の時は一～一・五カップが適当）、ベイリーフ一枚、ブイヨンキューブ一個

作り方

①肉は半分に切り、塩をして三十分おいてからタコ糸で形を整える。
②たまねぎをあら切りする。たまねぎと肉、ベイリーフ、ブイヨンキューブを圧力鍋に入れワインを注ぎ、圧力鍋で十分ほど加熱する。普通の鍋なら三十分。
③圧力鍋の蓋をとらずに冷めるまで三十分おいてから、肉を薄切りする。その日にいただく分以外は冷凍保存する。
④残り汁はミキサーにかけ、少し煮詰めて水溶きかたくり粉でとろみをつけ、ソースを作ってかける。

●簡単ローストビーフ

おもてなしにもなるローストビーフ。ここでは簡単にできる方法を紹介しましょう。

材料

ローストビーフ用牛肉五〇〇グラム～一キログラム、自然塩・黒粒こしょう（肉全体にまぶしてすり込む程度）、ドライタイム小さじ一、粒マスタード大さじ一、生クリーム大さじ四、ルッコラ適量

作り方

①牛肉は焼く三十分前に冷蔵庫から出してタコ糸で縛り形を整える。オーブンは二三〇度に温めておく。

②マスタードと生クリームを混ぜる。

③牛肉にドライタイム、塩・黒粒こしょうをすりこみ②を大さじ一ほど残して全体に塗る。

④これをオーブンで十五分ほど焼き、温度を一八〇度に下げて二十五分ほど焼く。焼き加減は好みで時間を調節する。途中で②の残りを塗る。

⑤オーブンから出して十五分ほど置き、肉汁が流れ出ないようになってから薄く切る。肉の上にルッコラを盛る。いただく時はマスタードと醤油、ガーリックオイル（にんにくを潰してオリーブオイルの中に三十分漬ける）、必要なら塩、こしょうを振りかけてもよい。

●鶏の甘酢からめ

材料

鶏もも肉五〇〇グラム、たれ（酢大さじ二、砂糖大さじ二、しょうゆ大さじ二、豆板醤小さ

じ一、片栗粉小さじ二）、炒りごま小さじ一

作り方

①鶏肉は一口大に切っておく。中華鍋を熱し、サラダ油を鍋になじませ、軽く焼き目をつけておく。

②たれを合わせておく。

③①を皿に盛り、電子レンジでラップなしで約二分加熱して中まで火をとおす。

④中華鍋にサラダ油を入れて熱し、②のたれを入れ混ぜる。とろみがついて煮詰まってきたら鶏肉を入れ、たれを手早くからめて火を止め器に盛りゴマをふる。お弁当に入れても。

04

魚は漬けたり、ホイルに包んで保存

●魚の味噌漬け

白身魚の切り身七〜八切をみりん少々でのばした甘みそに漬けこみます。二晩ぐらい漬けると味が染みこんでおいしいもの。そのまま焼いてもいいし、次のようにホイル焼きにしてもよいでしょう。

●白身魚のホイル焼き

魚のホイル焼きをまとめて冷凍しておくと便利です。

材料

白身魚（タラ、タイ、おひょうなど）の切り身

作り方

材料に味噌をまぶし、オイルをひいたアルミホイルに載せる。その上から生しいたけ、たまねぎ、赤ピーマンを薄切りして載せ、包む。同じものを数個作って冷凍する。食べる時は解凍して、フライパン上で二十分弱火にかける。皿に載せて供する。

●刺し身の切り出しの唐揚げ

いろいろな種類の刺し身の切り出しを数種類パックにして売っていることがあります。これに軽く塩を振り、かたくり粉をまぶして唐揚げにしておきましょう。冷凍しておいて、グラタンの具や中華料理、茶碗蒸しの具などに使うことができます。

05

冷蔵庫から取り出してすぐ使える野菜の保存食

●カポナータ

色とりどりの野菜が入ったカポナータは南イタリアの田舎の野菜料理です。水を加えずに煮込むので野菜のうまみがそのまま味わえます。野菜の歯ごたえを残すために煮る時間はやや短めがおいしいもの。冷やしていただいてもおいしい料理です。

材料

赤ピーマン大二個、黄ピーマン大二個、茄子三本、ズッキーニ一本、たまねぎ一個、ベーコン六〇グラム、オリーブ油一三〇cc、にんにく三片、トマトの水煮缶一缶、黒オリーブ一〇個、ベイリーフ二枚、塩・こしょう少々、ケッパー六〇グラム

作り方

①赤ピーマン、黄ピーマン、茄子、ズッキーニ、たまねぎは乱切りにする。なすは素あげにする。

②鍋にオリーブ油を熱し、潰したにんにくを入れて香りが出るまで炒める。ベーコンを加え、カリカリになるまで炒める。

③①の野菜を加え中火で約十分炒める。

④トマトソース、黒オリーブ、ケッパー、ベイリーフを加え弱火で十五分煮る。塩・こしょうで味をととのえる。

さっぱりピクルス

たくさんの野菜がいただけるレシピです。広口ビンなどに入れて冷蔵庫で保存します。漬けてから二日目から一週間ぐらいが食べごろ、肉料理のつけ合わせやサラダ代わりにいただくなど応用範囲の広い保存食です。

材料

きゅうり、セロリ、にんじん、かぶ、しめじ、赤・黄ピーマン合わせて五〇〇グラム、塩大さじ一と五分の一、水三カップ、A（レモン薄切り二枚、にんにく一片、赤唐辛子三

本、クローブ五個、黒粒こしょう二〇粒、ベイリーフ一枚）

作り方

①セロリは筋を取り、かぶ、にんじんは皮をむき、カラーピーマンは種を除く。きゅうりも一緒に、それぞれ一口大に切る。しめじは石づきを取って食べやすい大きさに分け、その他の野菜と共にボウルに入れる。

②鍋に三カップの湯を沸かし、塩を溶かす。

③野菜の上にAをのせ、②の熱湯を注いで皿などで軽く押さえる。

④常温で二〜三日目にやや酸味が出たら食べごろ、その後に広口ビンに入れて冷蔵庫で保存する。

●ピーマンの甘酢漬け

材料

赤・黄ピーマン各二個、甘酢（砂糖二〇〇グラム、酢二カップ、水一カップ）

作り方

①ピーマンは種を除き縦に千切りする。

②甘酢を作る。水を火にかけ、沸騰したらすぐに砂糖を加えて溶かし火を止める。酢を加

える。分量は材料の分量によって変えてよい。いずれの場合も砂糖・酢・水は二：二：一になるようにする。
③甘酢の中にピーマンを漬ける。すぐからいただける。

一キロスープ

一キロスープというのは私がよくする料理で、その名のとおり一キログラムの野菜と芋を茹でておき、一週間いろいろな調理法や味付けをしていただくもの。スープでいただくことが多いのでこの名前をつけました。

私はまとめて茹でた野菜と芋を五袋に分け、冷蔵または冷凍しています。一袋二〇〇グラムになり、これは私たち夫婦が一回の食事で摂るべき野菜と芋の量とほぼ同量です。難しい計算をしなくてすむことも、この料理のよいところです。

材料

たまねぎ・キャベツ・にんじん・大根などの野菜とじゃがいもを合わせて一キログラム。買い置いてあったもの、料理の時に余った残り野菜なども使ってムダなく（ただし青菜を入れると彩りがよくないので避けた方がよい）

まとめて茹でて、茹で上がったものを五袋に分けておきます。

●温野菜

一日目は、温野菜サラダです。

作り方

茹でた野菜・芋の適当量をお皿に彩りよく並べ、好みのドレッシングをかけていただく。

●味噌汁

二日目は、茹でた野菜を実にして味噌汁を作ります。

作り方

鍋に水を張り、いりこやカツオブシなど好みでだしを取り、茹でた野菜と芋を入れ、味噌を溶く。あらかじめ茹でてあるのですぐに味噌を溶いてかまわない。

●ポタージュスープ

三日目からは、野菜と芋をミキサーにかけ、ポタージュを作ります。

作り方

①茹でてある野菜と芋を、ミキサーで攪拌《かくはん》しておく。

②鍋に小麦粉を入れ、バターで焦がさないように炒め、牛乳でのばし、①を入れる（一〇一ページのルーがあれば大さじ一を使う）。

③ブイヨンキューブを入れて味を見、塩・こしょうで味を調える。

④刻んだパセリを浮かせていただく。夏は冷やして飲んでもおいしい。

茹でた野菜と芋に水煮缶のトマトを加えてミキサーにかければトマト味のポタージュに。

最初から一キロまとめてミキサーで攪拌しておき、袋に五等分してポタージュのもとを作っておいてもいいでしょう。毎日飲んでも飽きないほど、野菜の旨みが効いていておいしいスープです。

作るのは私が衣類や工芸作品の制作で忙しい時。できるだけ台所に立つ時間を短くしたい時にこの一キロスープが決まって登場します。味の変化でおいしくいただけ、それぞれとてもおいしいスープです。

ペースト

ペーストもまとめて手作りします。作ってみれば案外、簡単です。

●ピーナッツバターの作り方

材料 生ピーナッツ四〇〇グラム、サラダ油大さじ五

作り方 生ピーナッツ四分の一量とサラダ油をミキサーにかける。よく混ざったら残りのピーナッツを少量ずつミキサーに入れ攪拌する。

パンにつけたり和え物に。クッキー生地に混ぜてもよい。

″基本のルー″があれば応用自在

グラタンやホワイトソースを作る時に活躍するのが〝基本のルー〟です。作っておけば冷蔵庫で二〜三週間は保存でき、洋風料理に応用範囲が広いものです。

基本のルー

材料
小麦粉八〇グラム、バター六〇グラム（大さじ五弱）

作り方
厚手の鍋にバターを入れ、弱火にかける。バターが溶けたら粉を入れ粉に火が通るまで木杓子《きじやくし》で根気よく炒める。常温で保存できる。この分量の四倍量を作って保存すると便利。

〝基本のルー〟を使えばクリームコロッケも楽々

ルーののばし方

次のような分量でのばせば簡単にシチューやホワイトソースができます。

牛乳またはスープ一カップに、
○〃基本のルー〃小さじ一・五↓ポタージュに
○〃基本のルー〃小さじ二↓ホワイトソースに
○〃基本のルー〃小さじ三↓グラタン・ドリアに
○〃基本のルー〃小さじ五↓コロッケに

●クリームコロッケ

クリームコロッケを手作りするのは手間がかかってついつい敬遠しがち。でも基本のルーがあれば簡単においしいコロッケを作ることができます。

材料（二五個分）
牛乳〇・五リットル、ルー八〇グラム、たまねぎ中一個、鶏ひき肉一五〇グラム、しいたけ（中）三枚、サラダ油大さじ一、塩小さじ一、揚げ油、フライの衣（卵二個、小麦粉五〇グラム、パン粉二カップ）

作り方
①たまねぎ、しいたけはみじん切りしておく。
②中華鍋を熱し、サラダ油を入れたまねぎ、鶏肉、しいたけを炒め、塩、こしょうで味を

つける。
③ルーを入れ全体にまとめ牛乳を三回ぐらいに分けて入れる。
④バットに流して冷ます。
⑤小さい俵型のコロッケを五〇個作る。
⑥小麦粉、溶き卵、パン粉の順に衣をつけ、その日にいただく分を一六〇度の油で揚げる。
⑦残りの分は冷凍しておく。食べる時は冷凍したまま油で揚げる。

06

作りおきしたものを使って私流のおもてなし

わが家は来客が多い家です。来訪下さる方とゆっくり食事の機会を楽しみます。冷蔵庫にあるものをおもてなし風に盛りつけると出来上がり。来客があるといって数日前からバタバタせず、あるものでおもてなしするようにしています。

おもてなしというとむずかしく考える方も多いようですが、これまで紹介してきた「まとめ作り」を実践すれば、どなたでも簡単におもてなしができると思います。

私のおもてなしレシピから

イタリアンでおもてなし

――モッツァレラチーズの前菜、手作りパスタのボローニャ風ソース

私がよく作るイタリア料理で、おもてなしする時のメニューです。

●フレッシュモッツァレラチーズとトマトのサラダ

本来は水牛の乳で作るモッツァレラチーズですが、牛乳で作ってみました。市販のものより安価に作れるのでたっぷりいただけます。

材料

牛乳一リットル（なるべく乳脂肪率の高いもの）、レモン汁小さじ四（約レモン一個分）、自然塩小さじ一、トマト三個、バジルの葉、ドレッシング

作り方

①牛乳、レモン汁、自然塩をすべて鍋に入れさっとかきまぜ、中火にかけて沸騰したら少し火を弱め十五分ほど煮る。

②表面に白い豆腐状のかたまりが浮き、液が黄色く澄んできたらふきんに空けて漉《こ》す。液

が澄んでこない場合はもう少しレモン汁を加える。
③水分が切れたら形をボール状に整え、ふきんをタコ糸などで縛って上から吊るしてさらに水分を切る。ちなみにわが家ではこのチーズを作るためにキッチンの洗い場の上に釘をうってあります。どこか吊るすことのできる適当な場所を探してください。
④一〜二時間で水分が切れたら、冷蔵庫で保存。
⑤トマトの輪切りとチーズの輪切りを重ね、ドレッシングをかけ、バジルの葉をあしらう。いただく時はトマトとチーズとバジルを一緒に。器もサラダもトマトやチーズも充分冷やして前菜に。

●生パスタ

生パスタは意外に作り方が簡単。まとめて作って冷凍もできます。

材料

強力粉五〇〇グラム、卵五個、オリーブオイル五〇cc、塩小さじ一

作り方

①粉を広げ中央にくぼみを作り卵を入れ、卵を溶きながら周りの粉を混ぜ込んでゆく。途中で塩、オリーブオイルを加え、全体がまとまったらラップに包んで一晩寝かし六等分

して麺棒《めんぼう》で平らに延ばして、製麺機（パスタマシーン）にかける。なければ包丁で細く切ってもよい。

②鍋にたっぷりの湯を沸かし塩大さじ一を入れ、沸騰したら①のパスタを入れ、煮立って浮き上がってきたら二〜三分茹で、ざるに取る。

この分量で作ると、茹でる前は約八〇〇グラムになります。わが家ではこれを六等分して冷凍保存します。この量が二人の一食分の適量です。

●ボローニャ風ソース

材料

牛挽肉三〇〇グラム、バター大さじ四、オリーブ油大さじ二、たまねぎ・セロリ・にんじんのみじん切り各五〇グラム、赤ワイン二分の一カップ、小麦粉大さじ二、トマトピューレ二カップ、しいたけ三〜四枚のみじん切り、トマト一個、固形スープの素二個、水三カップ、ベイリーフ一枚、ナツメグ少々、塩、こしょう少々

作り方

①油でたまねぎをよく炒め、透き通ってきたらバターを入れ、セロリ、にんじん、しいたけを共に炒め、牛挽肉を入れ、脂がにじむくらいになるまで炒める。

②小麦粉（またはルー）を入れて炒める。
③トマトピューレ、固形スープの素、ナツメグ、赤ワイン、トマトのざく切り、水、ベイリーフを加えて混ぜ、中火にしてあくを取りながら煮る。塩、こしょうで味をととのえる。
④茹でたパスタにかけていただく。

牛タンのソース煮

タンは一本で買えば経済的にも栄養的にも優れた食材。私はおもてなしによく使います。

材料

牛タン一本（約一キログラム）、日本酒三カップ、ウスターソース一カップ、砂糖大さじ一、つけ合わせ野菜

作り方

①タンは熱湯につけて皮を剝《む》く。
②鍋に牛タンを入れ、かぶるぐらいの水を加え火にかける。沸騰したら弱火にしてあくを取りながら六十〜九十分、下茹でする。

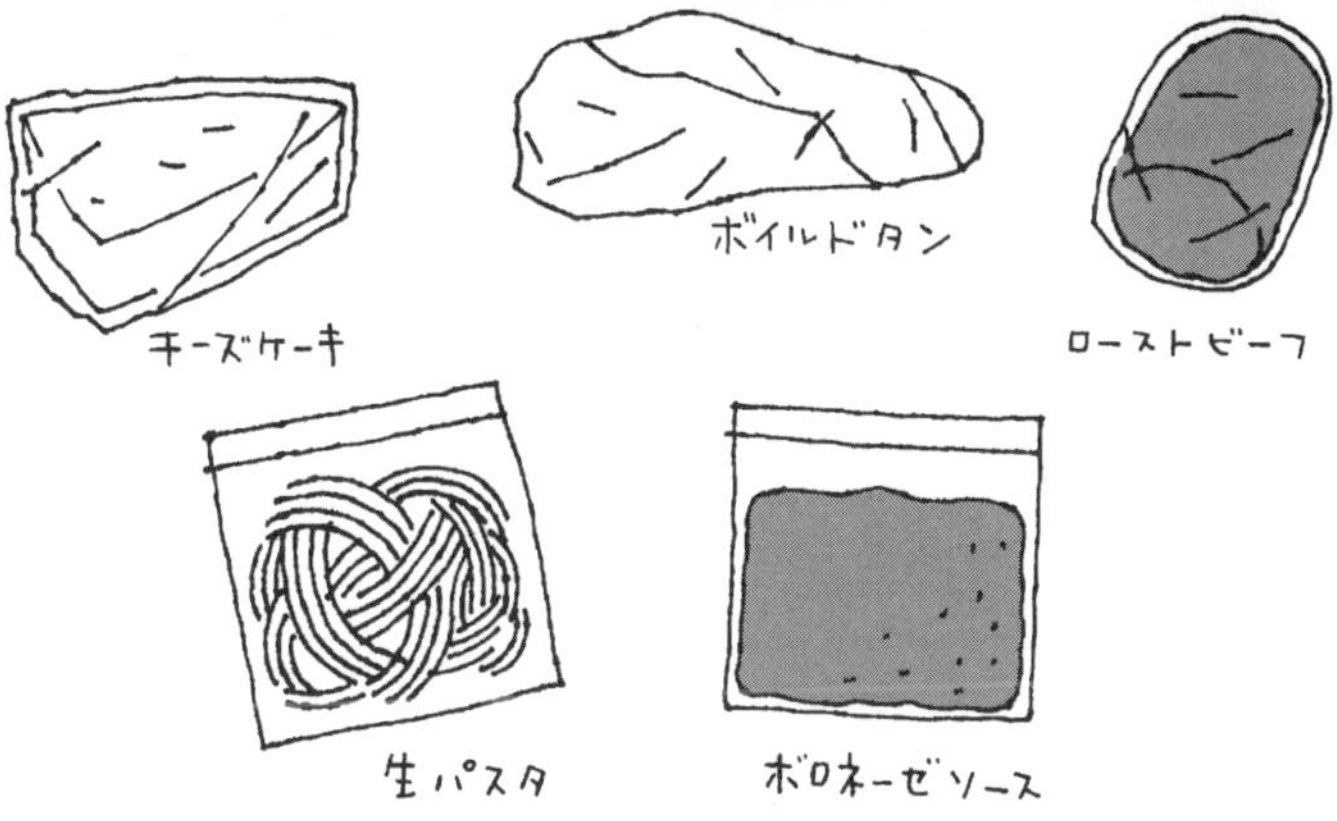

牛タンのボイル、パスタ、ボロネーゼソース、チーズケーキはすべて冷凍してある。サラダだけ作れば、写真のようなおいしいイタリアンのコースが出来上がる。

③茹で上がったら同じ鍋に日本酒、ウスターソース、砂糖を加えて弱火でことこと煮る。汁気がなくなってきたらタンを返しながら煮込んでゆく。火を止めて汁につけたまま一晩おく。

④三～四ミリの厚さに切って野菜と共に盛り合わせる。

デザートとおやつ

●やわらかプリン

これは両親を介護している時に舅《しゅうと》の好物だったプリンです。「今日のはおいしい」と言った日の分量を書き留めたもの。口あたりがいいようにいろいろ工夫してできたプリンです。

材料（一八個分）

牛乳一リットル、卵大五個、砂糖一二〇グラム、リキュール大さじ三、バターまたはサラダ油少々、水（圧力鍋用）、※キャラメルソース（砂糖三〇〇グラム、水一〇〇cc＝これは一〇回分の分量）

作り方

①牛乳二〇〇ccを人肌程度に温め砂糖を溶かしておく。
②ボウルに卵五個を溶いてよくほぐす。これに冷たい牛乳二〇〇ccを加え、さらに①の温めた牛乳を加える。
③②を漉し、残りの牛乳とリキュールを加える。
④鍋に砂糖と水を入れて弱火で加熱してキャラメル色になるまで加熱してキャラメルソースを作る（この分量は一〇回分。残りは次に作るために保存しておきます）。
⑤プリンカップ一八個にバターまたはサラダ油を薄く塗り、底にキャラメルソースを直径一・五センチ程度になるくらいに入れ、③を等分に注ぐ。
⑥圧力鍋に水を入れて⑤を入れ、圧力を一分かけてすぐ圧力を抜く。圧力鍋がない場合は蒸し器で十五分。冷蔵庫で二～三日まで保存可能。

●レアチーズケーキ

これもまとめて作って冷凍できるので、重宝するデザートです。最後にフルーツソースを彩りよくかけるとステキです。

材料（二二センチのホール型一個分）

A（クリームチーズ二〇〇グラム、生クリーム一カップ、プレーンヨーグルト二分の一カップ）、卵黄一個、牛乳二分の一カップ、砂糖七〇グラム、コーンスターチ大さじ一、粉ゼラチン大さじ一、水大さじ二、レモン汁大さじ三、リキュール（アイリッシュミスト）、フルーツソース適量

作り方

①クリームチーズは常温に戻しておく。ゼラチンは水に戻しておく。

②クリームチーズをボウルに入れ木杓子でなめらかになるまで混ぜ、その中に生クリームを二、三回に分けて入れる。次にヨーグルトを入れる。

③卵黄と砂糖をよく混ぜ、コーンスターチを入れ、温めた牛乳を少しずつ入れて漉す。

④③を火にかけポッポッと沸いてきたら火からはずしてゼラチンを入れ、粗熱が取れたらレモン汁を加え、②の中に混ぜる。

⑤二二センチのホール型にアルミホイルを敷いて流し込む。リキュールのアイリッシュミストを香料として加え、冷蔵庫で冷やし固める。フルーツソースをかけてもきれい。冷凍する場合は切れ目をつけて冷凍庫に入れておくと、必要な分だけ解凍できて便利。

すべて準備してあるから簡単——ワッフルの作り方

最初に紹介したように、わが家では朝食に焼き立てのワッフル（アメリカンワッフル）をよくいただきます。卵を泡立てる音が朝のリビングに軽快に響くのは、私にとって楽しいひと時です。

●アメリカンワッフルの作り方

材料（一二センチの円型三枚分）

小麦粉一〇〇グラム、牛乳二分の一カップ、卵一個、砂糖四〇グラム、ベーキングパウダー小さじ一、塩ひとつまみ、サラダオイル大さじ二

作り方

①小麦粉を取り出す（ワッフルをよく作るわが家では、小麦粉はあらかじめふるって一〇〇グラムずつ量って五袋分をポリ袋に入れ、空缶の中に立てて入れてある）。

②卵は白身と黄身に分けて、まずボウルに白身を泡立てる。黄身は卵の殻の中に残して安定した所に置く。

③②に砂糖を加えて泡立てメレンゲを作り、黄身を落とし混ぜる。
④③のメレンゲの上に粉とベーキングパウダーを合わせて置き、牛乳を入れ、さっくり混ぜる。
⑤塩ひとつまみとサラダオイルを入れ、よく混ぜ、この生地を加熱しておいたワッフル焼き器にゴムヘラで流し込む。
⑥十分焼いてできあがり。コーヒーやサラダと共にいただきます。

本谷滋子先生から教えられたこと

「全国友の会」にはすばらしい大先輩がたくさんいらっしゃいます。

イタリア料理研究家の本谷滋子先生は考えてお仕事をなさる方です。心を込めた料理のレシピは家庭愛溢れるお仕事、先生ご自身が育児をしたりお姑《しゅうとめ》さんと暮らす中で作り上げられたものです。それでいて都会的センスに溢れた素晴らしいステキなもの、またお料理と共に素晴らしいのは先生ご本人の豊かな人間性です。

「全国友の会」では折々に著名な料理研究家をお招きして食に関する講習会を開くことが

あります。私が所属している「岡山友の会」でも幾度か本谷滋子先生をお招きしました。食の研究をご一緒にする機会があり、私もお供してイタリアに行きました。

生活を愛するイタリアの文化に感動しつつ、その後六回もイタリアを旅し、また私なりにイタリア料理の研究をするきっかけになりました。

イタリアで得たことはたくさんありました。建物や美術館の素晴らしさにも感服しましたが、市場の食材の豊富さや講習会でのシェフの手さばきなど食文化の深さには圧倒されました。ツアーで行った他の方たちはシェフの作るレシピを写し取ることに熱心でしたが、私はシェフの手さばきをじっと見ていました。

私が感心したのはシェフのムダのない動きで、まるで芸術品を見るような気がしました。小さなペティナイフで肉でも野菜でも魚でも処理していき、使い終わった鍋もアシスタントに任せることなく自分でさっさと洗って元の場所にしまいます。とても勉強になりました。

研修会の催しとして、私たちが日本料理を作って、イタリアの人々に食べてもらうという企画がありました。

私がお吸い物を作るために忙しくしていると、イタリアのシェフが私を料理人と思い込み、

「マダム村川はいつも何人ぐらいの顧客のために料理を作っているのだ？」

と聞きました。通訳を通じてそれを知った私は、にっこりうなずいて、

「マイ、ハズバンド、オンリー！」

と言いました。どっと笑い声と拍手が起きたのもいい思い出になっています。

本谷先生はイタリアと日本の懸け橋となった功績を称えられてイタリアと日本のそれぞれで表彰を受けられました。

07

後片づけも簡単に

鉄は熱いうちに打ち、鍋は熱いうちに洗う

食事後の後片づけの話を最後に。後片づけは後でしようと思うとさらに億劫になります。仕事をしながら片づける習慣を持つと後片づけがほとんどなくて済みます。

簡単に終えるコツがあります。一つはお料理をしている時に流しを汚れ物でいっぱいにしないことです。まとめ作りをするとすでに調理してあるものを使うため、そんなに調理器具が汚れることはないのですが、それでも一つか二つは洗うべきお鍋が出てきます。鍋は空いたらすぐに洗うことです。熱いうちに洗えばソースなどがこびりつくことがなく早く落とせます。

料理ができあがる時に、流しの中もだいたいはきれいになっていることが理想で、そのことを考えて順に手を動かしていきます。

食後は食器を下げ、洗って水切りかごに上げますが、食事をしたらその流れですぐにしてしまう習慣をつけましょう。

食器を洗う時に工夫していることがあります。

たとえばお茶わん四個、お皿八枚、コップ四個があれば、その種類ごとに洗って種類ごとにまとめて置き、拭く時もまとめて拭いて収納すると楽です。いつも次には何をするか考えながら手を動かすとスムーズに動けるのは後片づけのことだけではありません。

キッチンの最終チェック――明日のためにしておきたいこと

キッチンは最後に流しを洗い、ふきんを洗って乾かすことで終わります。また明日、おいしいものをここから作り出せるために、きれいにしておきたいものです。

CHAPTER

4

短時間掃除のアイデア

01

私が掃除好きになるまで

掃除が苦手な私の試行錯誤

実は私は掃除があまり好きではありませんでした。下手だし苦手でした。汚れが気になっていても後回しにして、いよいよ汚れがひどくなってから掃除を始めるありさま。いやいやするので、さらに掃除が嫌いになるという悪循環の毎日でした。

しかし、ある年の暮れ、大掃除をしていて油がこびりついている換気扇をなんとかきれいにしようと格闘していた時、「掃除を楽しくしたい」と思ったのです。家の中をいつもきれいにしたいと思った私は私なりに努力したり、人の話を聞いたりしていろいろな試みをはじめました。

まず、最初にしたのは、自分を励まして毎日掃除しようという試み。がんばって時間を決め家中を掃除する計画を立てたのです。が、私の場合、外出する日もあり、家にいても忙しい日があったりと、毎日掃除することは難しいとわかりました。

次に試してみたのが「一週間で家を一回り」という方法です。家の中を区切って曜日ごとに掃除する方法で、よく雑誌でも紹介されているようです。月曜日にはリビング、火曜日にはキッチン、水曜日には寝室……というように家を区切って曜日ごとに掃除をしていきました。しかし、「火曜日にキッチン」と決めていても、その日に外出する予定があれば手が回らず、なかなか続けることはできませんでした。

「どうして続かないのか?」私は考えました。そして思い当たったのは「〝私〟がどうしたらうまくいくのか」を考えずに、人の方法をうのみにしている間はどんな方法でも続かない、私には私の家にふさわしい方法が必要なのではないか、ということでした。

では、私なりの方法とはどんな方法なのでしょう。

掃除をしない日があってもいい

私が目標としているのは、

「まったくお掃除のできない日があってもよいけれど、しなくてはいけないことはしたい」ということでした。しかし、「したい時、できる時にしよう」と気任せにしていると、もともと掃除が苦手な私は何もしないままで終わると思いました。

そこで何か客観的な指揮官になるようなものがあれば励みになると思いました。そこで考えたのが家の中の掃除ポイントを「毎月一回したい場所」「二カ月に一回でよい場所」「数カ月に一回ですむ場所」に分け、短時間の掃除のリズムを作る方法。一日二十分位の時間でその月に掃除したいポイントを掃除していきます。終わったらシールを貼るので「シール付きポイント掃除」と名付けています。

このようにして一カ月ごとに家を順番に掃除していくと、手間はたいしてかからないのに、だんだんと家全体がきれいになっていき、あれほどたいへんだった換気扇も自然にきれいになり、年末の大掃除はほとんどしなくてよくなっていたのです。この方法は私の暮らしのリズムに合っていたのでしょう。かれこれ二十年もこの方法で続いています。

掃除のスケジュール表には、シールを貼って自分にごほうびを。

02

《ごほうびシール付きポイント掃除》の方法

予定を立ててできたらシール

【ステップ1】掃除の予定を立てます

①ノートを作る

毎年年末に「家事の予定」を立てます。

ノート（私は婦人之友社刊『主婦日記』を使っているのでその終わりの方のページに表を作り書き入れますが）に掃除したいポイントを書き出していきます（一二三ページ参照）。

各掃除の場所は終わるのに八〜十五分で済むことを目安にして区切ります。

現在、私が書き出している場所は一九カ所ですが、これは暮らしが変わるにつれて毎年変わっていきますし、それぞれの家庭でも違っていていいと思います。

②その場所を掃除する頻度を決める

次に各場所を掃除する頻度を決め、○をつけていきます。たとえば、流しの下、冷蔵庫や調味料の棚は汚れやすいので毎月、廊下のワックスがけや納戸の整理は三カ月に一回というように。私は一カ月でだいたい九～一○カ所をするようにしています。

③週ごとに割り振っていく

②のように月に九～一○カ所の整理や掃除をするのは一見たいへんそうに見えますが、これを週に割り振っていくと各週で二～三カ所になります。自分の予定を考えて忙しい週は少なく、ちょっと余裕がある週は多めにするなど割り振りすると楽にこなせます。

④一週間のうちにすることを手帳や家計簿などにメモしておく

【ステップ2】一日八～十五分、終わったらシール貼り

⑤一つ終わったらシールを添付

予定を立てたら、時間を見つけて実行します。

私は朝食の片づけをしたあとに一つ終えるようにしていますが、どの掃除をいつするかはスケジュールにあわせて決めます。終わったらノートに赤いシールを貼ります。

シールを貼ります）　※この表をコピーして使ってください。

6	7	8	9	10	11	12	備考

ポイント掃除表（掃除の予定月にマルを付け、終わったらその上に

場所 ＼ 月	1	2	3	4	5

★「たまり掃除」の労力と時間を解消――予定を立てると自由になれる

掃除のコツは汚れがたまらないうちにすること。私たちは顔を汚れたら洗うのではなく、毎日洗いますね。掃除もそれと同じことだと思います。たまると汚れは落ちにくくなり、その分労力や時間もかかります。予定を立てて順番にやっていけば汚れは軽くすみます。予定を立てるのは「いつか時間ができたらしよう」と思い「結局できなかった」ということがないようにするためです。

暇《ひま》になったら掃除しようと思っても、いざ時間ができたら別のことをしてしまうものです。掃除はまとまった時間を確保してするのではなく、毎日の暮らしの中に入れ込んでいくことが大事なのです。「今日は元気だから気を入れて掃除をするぞ」と思って一日キリキリ舞いしても長続きしなかったら、家の中をきれいに保つことはできないでしょう。

予定を立てて順に掃除する方法は、人によっては負担に感じるかもしれません。私も実際、自分で「○日は二階の押し入れ」と予定を立てたものの、当日になると「何で今時、ここを掃除しなくてはいけないのだろう」と自分で訝《いぶか》しく思いながら二階に上がっていくことがあります。でもそこで寝具をちょっと直しておくことで仕事が一つ済み、後で来客があって布団を出す必要があった時など、整理しておいたことが意外な効果をもたらし、「やはり、やっておいて良かった」と思うことが多いのです。このように順番に家を整えていくと、次第に、「あそこもここも気になる」と思うことが少なくなりました。予定を立てることは、自分を束縛《そくばく》することではなく、むしろ掃除の義務感から自由になることだと思います。

大人にも嬉しい、シールの効き目

この方法の特徴はシールを貼ることです。

先ほども紹介したように、掃除が苦手な私はできる時にしようと思っていても、なかなか実行できず、後回しになると思いました。何か私を客観的に見てくれる指揮官になるものが欲しかったのですが、それがシールです。文房具店で購入した赤いシールはいつも手近においてあります。

予定を終えた印のシールはいくつになっても嬉しいもの、シールを貼るということが七十五歳の私にとっても確認になり、「やった」という達成感があり、とても嬉しく楽しい瞬間になっています。自分を褒《ほ》めることは何歳になっても必要なのかもしれません。

朝の十分間のポイント掃除で気持ちにゆとりができます

先ほども紹介したように、現在は朝食の後片づけが終わって外出するまでの時間に予定の掃除の一つを片づけるようにしています。何かを終わらせていると心にゆとりができます。

「あそこもここも汚れが気になる」

という状態のまま外に出るのは落ち着かないし、仕事先でも用事先でも集中できないもの。「あれもこれもしたかったのに」「このままではいけないのに」と思いながら、いつも何か忘れ物をしているような思いで毎日を暮らすのは楽しくありません。

反対に、朝からするべきことをして、予定のポイント掃除もできたと思うと、仕事場でも友人と会っていても穏やかでいられると思います。そして、帰り道では、あれもこれもできていないと自分に不満を抱くのではなく、「帰ったら今度はこれができるかもしれない」と次の段階のことを思えるようになります。前にも述べたように〝家の仕事に追われる〟のではなく〝こちらから家の仕事を追う〟ことができるようになります。

一〇〇点満点の掃除でなくてもいい

計画を立てていても月の最後の日になっても○が一つ残っていることがあります。そんな時、外出先から帰ってきて、最後の仕事をして、無事全部にシールを貼ることができた日には、たいへん満足感を味わえます。

ただ、掃除がすべてとは思っていませんし、私は掃除をしないと気が済まないという性格ではないので、家がお茶室のように片づいているとはいえないでしょう。でもまあまあ、快適に過ごせる程度にはなっていればいい、それくらいの感覚で気楽に取り組んでいけばいいと思います。表を見ると私もその月にできなかったことがいくつか残っています。

若い方からは、

「村川さんでもやり残すことがあるんですね。ちょっと安心しました」

などと言われますが、それは当然で、一〇〇点満点をめざそうとすると辛《つら》くなるだけ。

やり残しは次の月に繰り越します。

完璧《かんぺき》をめざすと自分を束縛することになるのと同時に、心のゆとりもなくしてしまうのが怖いと思います。たとえば窓ガラスが多少汚れている時に友人が訪ねてきたとします。窓の汚れを気にして「また次回いらして」というのではなく、「汚れているけど、ま、いいか」とあきらめ「どうぞ、どうぞ」と招き入れてお茶を楽しむほうが大事なのです。

掃除が行き届き過ぎて近寄り難くなっている家よりも、いつでも親しい方と交流できる家でありたいと思っています。

さっとすむ掃除の方法

ここで、私がいつもしているお掃除の方法を紹介します。でも、私の掃除には特にこれといった工夫があるわけではありません。ただ、先を考えたり、時間を上手に使うにはどうしたらいいかを工夫しています。これは私がしている方法ですので、これがそのままみなさんの家庭で通用するということではありません。それぞれの生活やしつらいに合わせてみなさんが工夫することが大事だと思います。ここでは、どんな工夫や時間の使い方がされているかを中心に見て、参考にしていただけたら嬉しいと思います。

○換気扇＝年末の換気扇の掃除がたいへんだったので、私なりの掃除法を考えました。換気扇掃除は、私の掃除の原点です。今は二カ月に一度、はずして軍手に住宅用洗剤(「マイペット」など)を塗り両手で洗います。お湯に浸してから洗剤を薄めて使うよりこのやり方が一番手早く所要時間は約十分。換気扇の掃除は「たいへん」という先入観があってなかなか腰が上がらない部分の一つだと思いますが、実際はたいした手間はかかりません。二カ月に一度していると汚れも軽いのでますます楽になるでしょう。

○食器棚＝食事の後片づけの時、食器を入れるついでに食器を持ち上げて固く絞った布で棚板を拭きます。食器をたくさん重ねないでおくと楽に掃除できます。所要時間は約十分です。

○冷凍庫＝冷蔵庫と同じようにエタノールを吹き付けた布で拭きます。約十五分。

○食品庫＝食器棚と同じように物を出して布で拭きます。所要時間二十分。

○物置＝取ってあった空きビンや空き箱、ストックしてあった食品や缶詰が入っています。中の物を整理して、不用な物は処分したあと、箒《ほうき》で掃きます。

○流しの下＝置いてあるキッチン用品を取り除いて敷いてある紙(使い終わったカレンダー

の裏紙を使います）を取り出し、周辺を雑巾で拭いて新しい敷紙を入れ中にあったものを戻します。所要時間は約八分です。私は毎月一日にこの仕事をします。壁に貼っている前月のカレンダーをはがしてすぐ使えるからです。作業するのと同時にガス台で卵を茹で始めると掃除が終わったころに卵が茹で上がっています。

○調味料棚＝調味料を出して、固く絞った布で拭き元通りにします。約五分で終了。

○冷蔵庫＝前に紹介したように私は週に一度、まとめ買いをしています。まとめ買いをする前日の一番冷蔵庫の中身が少ない日に冷蔵庫の掃除をすれば楽です。買物に行く前に庫内の物を出して、エタノールを吹き付けた布で拭きます。外側もさっと拭いておきます。この冷蔵庫の掃除、以前は十五分ほどかかっていました。しかし今はもっと少ない時間で終えることができるようになりました。それは扉の裏ポケットの下に、広告の裏紙を敷いて、それを取り替えるだけにしたのです。これなら、ソースやドレッシングなど調味料がこぼれても拭かずに紙を取り替えるだけで済みます。広告の紙は時間のある時にポケットの底の大きさに折ってくるくる巻いてゴムで止めておきます。

○風呂・洗面所＝お風呂の壁面やふた、洗面所の蛇口の周りを拭いたり、歯ブラシでこすりとったりして細かいところを掃除します。両方合わせても所要時間は十分程度です。

○納戸＝食器や古い原稿、雑誌や書籍が収納されています。三カ月に一度、中の物の整理

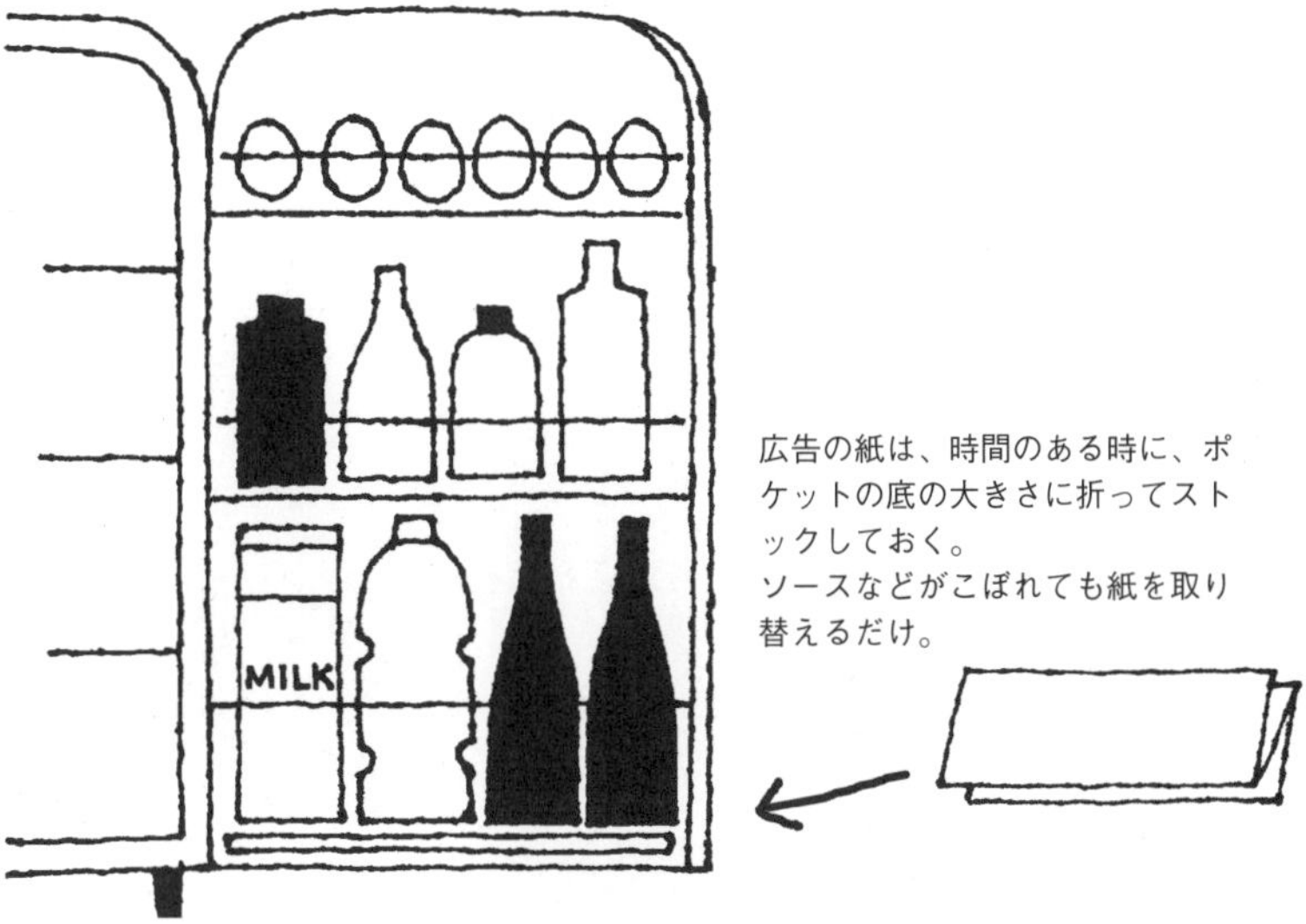

広告の紙は、時間のある時に、ポケットの底の大きさに折ってストックしておく。
ソースなどがこぼれても紙を取り替えるだけ。

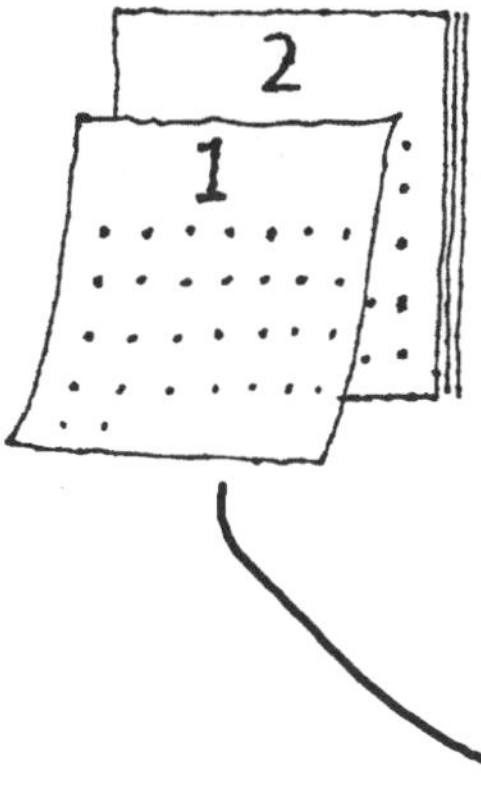

流しの下の掃除は毎月一日に。
前月のカレンダーを敷き紙にしています。

整頓も兼ねて掃除します。二十分。
○下駄箱＝季節の変わり目に靴の整理をします。履いていない靴は取り除き、棚板に敷いてある新聞紙を取り替えます。十分で終了。
○ガラス拭き＝住宅用洗剤（「マイペット」など）を浸した布で拭きます。大雨の後などで汚れた時は時間をおかずに拭くと簡単に汚れが取れます（時間がたつと取り難くなるので早めに）。仕上げに前日に用意した「オセダーポリッシュ」を染み込ませた布（一四一ページ参照）で磨いて仕上げをします。十五分で終了します。
○廊下ワックス＝これも住宅用洗剤で拭いた後、ワックスをかけます。二十分。
○クロゼット＝季節の変わり目に衣類の整理を兼ねてほこりをはたき、雑巾で乾拭《からぶ》きします。防虫剤を入れ替えて完成です。所要時間二十分（衣類の入れ替え方法は一八五ページ参照）。
○押し入れ＝中の整理整頓をして布団のチェックをします。二十分。
○階段下収納＝中を点検して不用なものを除き箒で掃きます。ここには扉の裏にスリッパが収納されているので汚れていたら濡れたタオルで拭きます。二十分で。
○玄関＝普段は植木の水やりをした際にさっと掃きます。玄関の周辺を住宅用洗剤で拭いておきます。十分で。

○寝室＝カーペットに掃除機をかけ、ノート雑巾（一四三ページ参照）を使って部屋中を拭きあげます。わが家の寝室は二階にありますが、雑巾を二階に持って上がる時には階段の手すりを拭いて行き、掃除が終わって階下に降りる時には階段を拭いて降りてきます。二十分で。

03

いつも使う場所はさっさとお掃除

こまめに掃除したい場所の掃除法

年間を通してのポイント掃除法についてお話ししてきましたが、それでは、毎日使うリビング、洗面所、トイレ、お風呂場などはどうしたらよいでしょうか。

ここは家の中でも汚れやすい場所。こまめに掃除したいものです。

●リビングは箒で

リビングはそのつど、掃除機をかけたり、箒で掃いてきれいにします。二人住まいのわが家は毎日掃除機を出すのはたいへんなので、埃《ほこり》は箒で掃き、掃除機をかけるのは三日に一度ぐらいです。子育て中の家庭は毎日掃除機が必要かもしれません。その家庭の状況によって違ってくると思います。

●バスルームは入浴後の後始末が決め手

入浴後、浴槽のお湯を洗濯機にポンプでくみ上げて洗濯を済ませてしまいます。温かいお湯だと汚れ落ちもスムーズです。浴槽のお湯を洗面器に一杯取り、浴槽の湯を落としたあと、洗面器のお湯を中に流して、浴槽が温かいうちに布やタオルで拭いておくときれいになります。

●洗面所は使ったあとにそのつど拭く

洗面所も朝に夕に使うので汚れやすい場所です。ここも汚れをためないよう、使ったらそのつどタオル等で拭くようにするといつもきれいなままを保持できます。

●トイレ掃除は入浴の前に

トイレも汚れたらそのつど、ブラシをかけて汚れを落とすといいでしょう。入浴する直前、全体を見渡して汚れた箇所を点検、気になる所をさっと掃除してそのままお風呂に入れば気持ちも体もスッキリします。

04

オリジナル掃除用具も考えました

掃除嫌いの人こそ用具にはこだわって

私が掃除に使っている用具を紹介します。雑巾や洗剤など、私なりに工夫して作ったものもあります。

●洗剤は最小限に

使う洗剤は多くはありません。

市販のもので使うのは住宅用洗剤（「マイペット」など）。これでガス台も廊下も窓ガラスも掃除できます。これと漂白剤（「ハイター」など）、冷蔵庫用にエタノールの入った製品、あとはイギリス製の「オセダーポリッシュ」を使っています。「オセダーポリッシュ」はご存じでない方も多いと思いますが、私が長年愛用しているツヤ出しです。西洋杉の樹脂を原料にしていて香りもいいのです。

水にぬらして固く絞った布に、この「オセダーポリッシュ」を染み込ませてポリ袋に入れて一日おき、それで廊下のワックスがけや窓ガラス、また家具のツヤ出しに使うと汚れ防止にもなります。

●手作り重曹水を使ってナチュラル掃除

重曹水を作っています。容器を決め、水一リットルのところをテープで巻いておきます。薬局で購入した重曹を六〇グラム量って入れ、テープのところまで水を注いで容器を振って混ぜれば出来上がり。雑巾やウエスに含ませて拭くとみるみる汚れが落ちます。キッチンの壁を拭く時は軍手をこの重曹水に浸してから絞って拭きます。この他プラスチックの手垢《てあか》の汚れ、お風呂場の垢汚れにも効果を発揮します。

●不用のフェイスタオルで作る「ノート雑巾」は全部で一六ページ

私が愛用している「ノート雑巾」を紹介します。作り方は簡単です。

①不用になったフェイスタオルを横に四分の一に裁断して、はしにロックミシンをかけます。
②それを四枚重ねて、中央を縦に縫ってできあがりです。全部で一六ページのノート形式の雑巾になります。
③最初の面で拭いて汚れたら、次のページをめくって使います。また汚れたら次、次……というように使っていくのです。

これは私が二階を掃除するのにいちいち雑巾を絞りに階下まで降りてこなくてはいけない、またはバケツを持って二階に行き、上がり降りしなくてはいけないのが面倒と感じて工夫して作ったもの。今ではこれ一枚あれば、一回絞って二階に持って上がり、全部を拭くことができます。

周りをミシンでかがるのが手間ですが、不用のタオルがたまったらまとめて作っておけばいいでしょう。

●シュロの箒

日頃、部屋を掃くのに使っているのがシュロの箒です。室内用のやや固めのシュロの箒は粗目のごみを掃くにはぴったりで愛用しています。最近では掃除といえば掃除機一辺倒

Prestige
O-Cedar
ALL PURPOSE
Polish
CLEANS AS
IT POLISHES

ノートぞうきん、手作り重曹水、オセダーポリッシュ、小箒と厚紙のチリトリがあれば少しの手間で手早く掃除ができます。

ノート雑巾の作り方

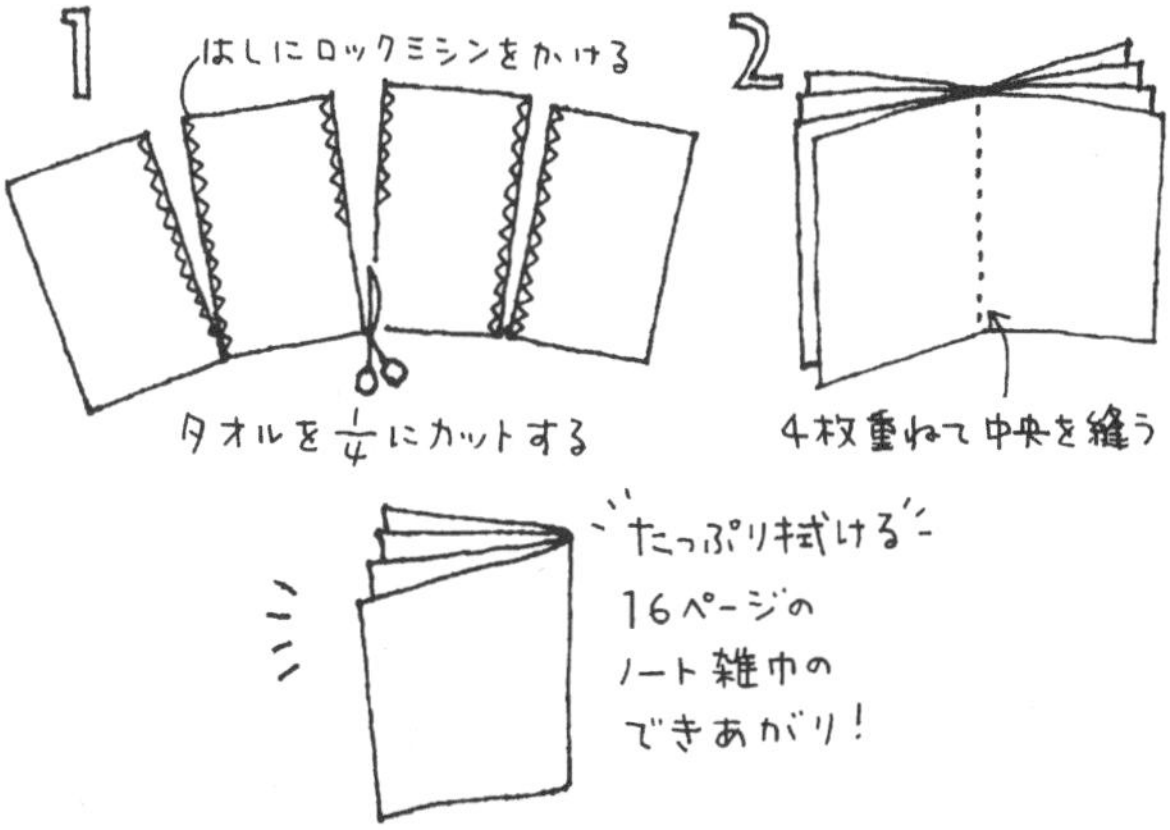
1
はしにロックミシンをかける
タオルを$\frac{1}{4}$にカットする
2
4枚重ねて中央を縫う
たっぷり拭ける
16ページの
ノート雑巾の
できあがり!

ですが、箒は手軽に使える良さがあり節電にもなります。

● 小箒とチリトリでちょこっと掃除

パン屑《くず》などをちょっとこぼしたような場合、小さな箒とチリトリが手近にあると便利です。ハンドクリーナーでも良いのですが、小箒と厚紙をチリトリとして使っています。テーブルの近くにある食器棚の扉の裏側に吊るしてあるのですぐに取り出せます。

CHAPTER 5

すっきり収納と整理整頓のアイデア

01

物の整理は心の整理です

物は慈《いつく》しんで、ていねいにつきあいたいもの

家の中の整理整頓を考える時、最も大事なことは物と上手につきあうことです。現代は飽食・飽衣の時代といわれ、食べるもの着るものがお店にも家の中にも溢れています。しかし、それらをうまく活用しているかといわれれば、とても心もとないといわなくてはいけないでしょう。

必要となれば入手し、気ままに使いまた新しいものを購入する、その繰り返しであれば、物とうまくつきあうことはできません。物を大切にする心も育っていかないのではないかと思います。

まず、私たちは身の回りの物の数を少なくする必要があると思います。物の数を少なくして暮らすことには次のような利点があります。

●物を大切に使うことができること

同じような物がたくさんあれば、一つ一つの物の手入れなどがぞんざいになりがちです。

たとえばキッチンのお鍋の数も多いと一つ一つの手入れが疎《おろそ》かになりがちです。お鍋の数が少なければ、順序よく使い回し、手入れもていねいにできますし、後片づけもすぐ済みます。

●物の命が生きること

あとで紹介しますが、私は家で過ごす服は一シーズン三着です。一着は着ていて、一着は外に干してあり、一着はクロゼットの中で出番を待っています。すると今着ている服を大事に慈しむ気持ちになります。服と私が一体になって動くことができるのです。服の命を感じるといっても過言ではないでしょう。物を把握できる範囲で持てば、一つ一つを大事にできるものです。

茶道で学んだ物を慈しむ気持ち

私は長年お茶のお稽古に通っていました。少ない道具を大事にすることはお点前から学んだと思います。

たとえば、茶杓《ちゃしゃく》を拭く時など丁寧に清めていくのですが、この動作には道具への敬愛とお客様への心遣いが表現されているように思います。

物を使うということは、その物の命をいとおしむことだと思います。

02

生活に必要な物の収納と整理

物の場所を決めること

部屋がなかなか片づかない理由の一つは、物の置き場が決まっていないことにあるでしょう。一つ一つの物に決まった置き場があれば、物を使ったあとで片づけるのは気持ちの良い明快な作業になります。

一つ一つの物にスペースが与えられていれば、家の中の空いた場所に物を戻すのは簡単です。なんとなくそのへんに出ているものというのは、置き場が決まっていないか、置き場があっても別の物と一緒の曖昧《あいまい》な置き場であるため、場が定まらないのかもしれません。

〝小さな混乱〟のうちがチャンス

一つ仕事を終えるということは、次の仕事の準備をするということです。

部屋が散らからないためには、一つ仕事をしたらその場で片づけてから次の仕事に移るようにしたいものです。これを「一仕事一片づけ」と呼んでいます。使った調理器具はその手で決まった置き場所にしまうようにすると、台所はいつも片づいた状態になります。

すぐに片づけることができない場合もあると思いますが、なるべく〝小さな混乱〟のうちに片づけましょう。小さな後始末が残っていくと、しだいに大きな片づけが必要になっていきます。探し物も始まり、時間が無駄になります。

片づけるまでが一つの仕事

仕事は「片づけるまでが仕事」と思うようにしましょう。

たとえば、洗濯は洗濯して干すだけではなく、取り込んでさらにクロゼットに片づけるまでが一つの仕事と自覚しましょう。「あとでしょう」と思うとなかなかできないものですが、取り込んだその場で各自の収納スペースに入れてしまうほうが楽。

キッチンでは料理が終わると同時にコンロを拭いておくと汚れも取りやすいものです。鍋も使ったその場で熱いうちに洗うと余熱ですぐに乾くので、水や洗剤の節約にもなります。

片づかない理由を考えることが片づけるきっかけに

「でもなかなかその場で片づけることができにくくて」

という声も聞こえてきそうです。片づけられない理由を考えてみましょう。片づけをするのは家族全員の協力が必要ですが、いつも散らかっているのは片づけにくいことが原因かもしれません。

わが家でも一時、リビングに新聞がそのまま置かれていることがよくありました。困ったことだと私は思いました。どうして片づかないのか考えてみました。

それまで読み終わった新聞の置き場所はリビングから出て廊下の先にある階段の下の収

納庫でした。寒い時など、新聞をそこまで運んでいって片づけるのはなかなか家族のみんなには億劫だったようです。

そこで、リビングに作り付けになっている棚の下にスペースを作り、そこを新聞の収納場所にしました。すぐ手の届くところに収納場所を作ったのです。すると、家族全員が片づけてくれるようになりました。

03

部屋別の整理整頓

リビング――リビングにソファとコタツは置いていません

家が乱雑にならない方法を工夫するのも大切でしょう。私はリビングにコタツとソファは置かないことにしています。それはかつての経験から学びました。

以前、冬は掘りゴタツにして、家族はみんなそこで暖をとっていたのです。しかし、コタツに一度入ってしまうとなかなかそこから動けなくなります。まして掘りごたつでは掃除もたいへん。暖をとりながら手仕事、家庭事務をすることが多くなるため、周囲に物が散らかりやすいのです。

そこである冬から思い切ってコタツをやめてみました。その代わりに部屋全体を暖かくしました。するとコタツで丸く縮こまっていた時よりも動きやすく快適になったのです。またソファも置いていましたが、ソファは人が座るというより、ちょっと物を置いてしまって、物置になりやすいのです。そこでソファは客間に移動させ、リビングには座り心地の良い椅子を人数分置きました。すると物が散乱することは少なくなりました。

子ども部屋

子どもの部屋を特に決めていない場合でも、きょうだいと一緒の場合でも、子どものスペースには机、衣類のタンス、本棚、おもちゃ箱などを置きます。

衣類のタンスにはその季節の衣類を取り出しやすいように収納し、机の上もあまり物を置かないようにします。子どもの持ち物の整理整頓は子ども自身に任せることです。

親が勝手に物を分類して収納の形を決めるのではなく、子どもとどうしたらうまくいくのかを相談しながら決めていきます。

強制的に整理させるのではなく、親自身も整理に気をつけて、日頃から、

「こんなところをこういう風に整理したらうまくいったわ」

などの会話をすると、子どもたちも自然と整理のし方を理解していくと思います。

子どものおもちゃとのつきあい方
——子どもの世界の中に立つとわかることがあります

おもちゃは子どもの成長にとってとても大切なものです。大人の物差しで考えたり、子どもをしつけようと思って与えてはいけません。子どもの世界の中に親が一緒に立ってみましょう。きっとどうすればいいかわかるはずです。

わが家のおもちゃは多くありませんでしたが、積み木やぬいぐるみ、お絵書きの道具や粘土や折り紙、おままごとセットや人形、車などだけでもかなりの数でした。

私が子どもと約束したことは、「片づけまでが遊び」ということでした。一つ遊び終わったら片づけてから次のことをするようにしました。

片づけに使ったのは棚です。低めの扉のない本棚を利用して、子どものおもちゃ入れにしました。棚だとおもちゃがどこにあるかよくわかるからです。たとえばクマのぬいぐるみを持っている場合。一つの方法として、親が「クマのいる場所」を決めて「ここにこのクマをしまうのよ」と言い聞かせ、「クマ」と書いたラベルを貼るという方法もあります。それでもいいでしょう。でも私はそうはしませんでした。子どもと話して、

「クマさんはここで待ってようか」

と比較的高い場所に置きます。この棚はリビングに置いていましたのでご飯を食べている間も子どもにはクマが見えていて寂しくありません。また積み木など木のおもちゃは重いので下のほうがいいこと、おはじきやクレヨンなどの小さい物はケースを決めて、そこに入れ、やはり棚の好きな場所に置くようにしました。

どんな場合でも、子どもに無断でおもちゃを捨ててはいけません。たとえどんなにその部屋が片づいたとしても、子どもの気持ちを無視して整理整頓された部屋は愛情のない悲しい場所でしかないのです。

寝室

寝室はベッドでも布団を敷くのでも、すっきりとしつらえたいものです。

置く家具はベッド、クロゼット、小物は電気スタンド、時計ぐらい。スペースがあって

も物置にならないように気をつけましょう。

トイレ――トイレはいつも清潔に整えておきたい場所です

あまり物は置かず、すっきり整えておけば掃除もしやすいのです。

私が工夫したのはタオルです。一枚さげておくのでは家族が何回も同じタオルを使うことになり、清潔ではないと考えました。また、トイレはお客様も使うので家族とは別のタオルを出して差し上げたいもの。そこで、フェイスタオルより一回り小さいサイズの薄手のタオルを一〇枚ほど用意して二つに畳んで手を洗う水道の横に積み上げておくことにしました。下にカゴを用意して使ったらそこに入れてもらいます。

バスルーム

バスルームもトイレと同じように、必要なもの以外は置かないようにしましょう。

私が置いているのはボディシャンプー、シャンプー、リンス、石鹸、体を洗うためのタオルと掃除用具（タワシと洗剤のみ）です。

玄関

靴箱にすべての靴を収納するといっぱいになってしまって、とりだしにくくなります。靴にもシーズンがあるので、オフシーズンのものは別のところに収納して、季節ごとに入れ替えると楽に出し入れができます（私は靴箱の近くの納戸にオフシーズンの靴を入れています）。あとは靴磨きセットが入った箱を入れています。

玄関にスペースがあれば、何か好きなものを置くといいでしょう。玄関はお客様がいらした時に最初に入る場所、何かその家庭ならではのものが置かれていると話題にもなります。わが家では楠《くすのき》でできた古い衣装箱を花台がわりに置いて、その上に大籠を置き、花を生けています。

玄関はすっきりとした中に個性を出して。

04

キッチンもすっきりきれいに

★わが家のキッチンはごく普通です

「村川さんの家のキッチンはどうなっているのですか」「見せていただきたいです」そんなことをよく言われます。「友の会」の家事を研究するグループの若いメンバーには、「いつでもどこでも見てください」といってあるので、多い時には一五人以上もやってきて、隅々まで見学していきます。

わが家のキッチンはそう特別な設計がしてあるわけではありません。作られたのは約三十年前で、そのころは今のようなシステムキッチンもありませんでしたから、ガス台があり流しがあり、調理台があるというようなごく普通の仕様です。

ダイニングルームの中央に食卓があり、それをぐるりと囲むようにガス台や流しがあるので、オープンキッチンというよりは、キッチンの中に食卓があるという感じ。

最初、設計した時は、作る場所が食卓から丸見えなのはどうかなと思ったのですが、「食べること」を中心に生きているわが家にはかえってふさわしいかなと思いました。

また、ダイニングからキッチンがよく見えると、片づけが上手になっていいし、家族にも気軽に手伝ってもらえるのではないかと思い、今でもリフォームせずにいます。

台所を設計する時に重要視したのは、動線を短くすることです。そのため、ガス台の下に大きなオーブンを設置し、冷蔵庫も近くに置きました。

利用度の高い物ほど定位置を決めて

引き出しは調理台の下に三段あり、お箸《はし》や皮むき、計量カップ、スプーンなどの調理道具が入っています。これらはそれぞれ間仕切りがしてあり、定位置が決まっています。

このように小さいものでも置き場が決まっていると、物はその置き場にまっすぐに戻っていくもの。キッチンのあちこちをさまようことはありません。

また、道具は最低限の必要な数ですませています。物は少なくていいのです。そのほうが洗ったりしまったりする手間がかかりません。

たとえば日常用のおしゃもじは一本だけ。洗ったらすぐに拭いて、定位置に。手間もあまりかからないのです。かえって二～三本あると一本は洗い桶の中、一本は炊飯器の中、一本は水切りカゴの中というようにあちこちに分散してしまい、必要な時に探し回ることになります。

あとは、お箸やスプーン、包丁四本にペティナイフや泡立て器、菜箸、ハサミ、にんにく潰し、保存容器などごくごく普通のものばかりです。

調理器具

調理器具も以下のようです。

- 片手鍋　大小（直径一八センチと一五センチ）＝よく使います
- ミルク沸かし一つ＝これはキッチンの壁にかけてあります

- ざる　大小二つ
- ソトワール（厚手の平鍋）　大小二つ（直径二四センチと二二センチ）＝よく使います
- 魚焼き器　・フライパン二つ　・中華鍋一つ　・土鍋
- パエリア鍋　・やかん　・ミキサー
- フードプロセッサー　・電子レンジ　・オーブン　・スタンドミキサー
- ミートミンサー　・パスタマシーン　・圧力鍋

これらを使って毎日食事の支度をしています。

わが家は現在は二人ですが、以上の調理器具で四人家族の時もまかなってきました。今はいろいろな調理器具が出ていて便利なようですが、あまりお鍋がたくさんだと手入れをするのもたいへんです。なるべく必要最低限のものだけ手元に置いて、使ったら洗ってしまうことを繰り返したほうがキッチンはすっきり片づけやすいと思います。

ただ、そういう私ですが、食器の数はかなり多いと思います。各地の陶芸家を訪ね、手仕事にかける情熱をうかがう折々に求めた物や、いつしか手元に集まってきたものがたくさんあります。

おすすめは圧力鍋とパスタマシーンとミートミンサー

私が持っている調理器具で特徴のあるものといえば、圧力鍋とパスタマシーンとミートミンサーが挙げられるでしょう。

ミートミンサーは名前の通り、挽肉を作る機械です。肉を買ってきて挽肉にすることはもちろん、大豆から味噌を作る時にも役に立ちますし、たとえば、新鮮なイカの足を買ってきて、ミートミンサーで挽き、イカダンゴにするとそれはそれはおいしいものです。また、パスタマシーンは生パスタやうどんをまとめ作りする時に便利です（生パスタの作り方は一〇六ページ参照）。

しかし何といっても私が重宝していて、私の右腕といっても過言ではないのが圧力鍋です。

私が一週間分の買物をして、まとめ作りをする時にフルに活躍するのは圧力鍋。使い方が難しいとか危険なのでは、という方もいますが、短時間で調理ができ、しかも空気に触れることが少ないので食材のアクが出ないこと、また味がしみこみやすいのでおいしく仕上がります。

私はイタリア製の圧力鍋二つ（五リットルと七リットル）を持っていますが、プリンもこれで一八個を二分で蒸すことができますし、パスタなら四分で茹で上がります。ジャムもこれで作るといい色に仕上がります。

CHAPTER 6

おしゃれな衣生活のアイデア

01

衣類の簡単整理術
——上質の服を少し持つ暮らし

三枚一〇〇〇円のTシャツはお買得？

「衣類の整理が苦手です。特にシーズンごとに服を入れ替えるのに苦労しています」

という方は多いようです。また、

「衣服の整理にたいへんな思いをしているのに、いざ外出という段になると着ていく服がない」

という話もよく聞きます。

「衝動的に買ってしまう」——これも多いようですね。たとえばバーゲンに行って三枚一〇〇〇円のTシャツがあった、「なんて安いのかしら、買っておけば着るかもしれない。

着なくてもこんなに安いのだから損とはいえない。どなたかに差し上げてもいいし」など。

しかしこの買物は得なのでしょうか？　結局三枚のTシャツを着ず、出したりしまったりの手間と時間がかかってしまったということはないでしょうか。私たちはどのように衣類を揃え、どのようにつきあっていけばいいのか。考えてみましょう。

私に必要な衣類は年間で六四着とわかりました

「衣類の整理が苦手」と感じている方は一度、持っている服を点検することをおすすめします。たいてい服の点数が多すぎることに気づくでしょう。購入すれば洗濯したり、収納場所を確保したり季節ごとに出し入れしたりの手間がかかります。服を持つことはそれだけ手間と時間がかかるということで、枚数が少ないならその分手間が省けます。

しかし少ない枚数といっても、ＴＰＯに合わせた服装は必要です。私はそれがどれくらいの量なのか知りたくて、ある時、書き出してみました。暮らしを振り返ってみて、どんな場所に行く機会があるか、必要な枚数はどれくらいかを考えてみたのです。

すると、現在の私の暮らしに必要な衣類は年間通して六四着だということがわかりました。

必要な衣類の枚数というのは年代や暮らし方で、その人によって違うと思いますので、私の例がそのままみなさんの参考にはならないとは思いますが、あくまでも一つの例として次ページに紹介してみましょう。

どうお感じでしょうか。「式服はこれほどは必要がないけれど、仕事着としてパンツやシャツがもっと必要」と思った方、「外出着はあまり要らないけれど、家庭着と近所の公園や買い物に行く服を兼ねた服が私の場合はたくさん必要」と思う子育て中の方もいると思います。最近では車で外出したり、暖冬の影響で冬場にそれほどコートを必要としないなどの衣類の揃え方が移り変わっていることも衣服計画に影響するでしょう。大事なことは、それぞれの生活に過不足のない点数がどれくらいかを一度、考えてみることなのです。

私の場合、それが六四着ということ。少ないように見えますが、意外にこれで充分な点数、いえ講演や会合に出る機会が多い分、私の点数は多いほうかもしれません。

六四着あれば大丈夫とわかってからは、私はこれ以上の服を買ったり作ったりをしないようになりました。服は少ないほうが振り回されずに済むし、手入れも行き届きます。手

私に必要な64着の服のリスト

コート	合着＝3着 夏物＝0着 冬物＝3着	合計6着
式服	（冠婚葬祭用） 合着＝2着 夏物＝1着 冬物＝1着	合計4着
外出着	合着＝15着 夏物＝8着 冬物＝12着	合計35着
家庭着	合着＝3着 夏物＝3着 冬物＝2着	合計8着
セーター	合着・夏物＝0枚 冬物＝4枚	合計4枚
カーディガン	合着＝1枚 夏物＝0枚 冬物＝2枚	合計3枚
ブラウス	合着＝1枚 夏・冬物＝0枚	合計1枚
スラックス	冬物＝1枚	合計1枚
ジャケット	冬物＝2枚	合計2枚

総計　64着

入れが行き届いていると、衣服は私と仲良しになってくれます。衣服が私の手足のように動いてくれていると感じることがあります。

「これしかない」と思うのではなく、「これがある」と思うことは、「欲しいものが手に入らない」と不満に思って暮らすのではなく「これがあるから幸福である」と思って生きるなど人生観にも通じる大事なことです。

また、このように管理をしっかりしておくと、何が必要で何が不必要かということがわかるでしょう。

ついふらふらと衝動買いしたりせず、「私にはあのスーツがあるからこの服は要らないのだ」ということがわかります。通りがかったバーゲンでお買い得と呼び込まれて、ついつい買ってしまう（そして、結局は着ない）という無駄もなくなるでしょう。

逆に、今、どんな服が必要か、足りないかもよくわかるので、

「次に購入するのはこんなタイプの服である」

ということがわかり、用意する計画をたてることができます。

似たものがあるのにまた同じような服を買ってしまったり、買っても買っても「服が少ししかない」と感じる人は多いようですが、それはどんな服をどれくらい持っているのかが、自分で管理されていないからかもしれません。

下着は予備を用意しておくと心強い

下着は特別に書き出すことはしませんが、考え方は一緒です。以前、下着をどれくらい持っているかを若い方たちが自分でそれぞれ調査したのを聞いたことがありますが、とても多いのに驚きました。

どうしてそんなに持っているのか、ただなんとなく買っていたらそうなったというのです。それではいくらスペースがあっても足りないはずです。下着も各アイテム六〜七枚で済むのではないでしょうか。

これに加えて、下着は消耗品ですから新しいものを常時三枚ぐらい用意するようにしておくと心強いものです。スーパーなどのセールの時に買っておいてもいいでしょう。

私に必要な靴は一三足です

同じように靴も点数を限定しています。内訳は、次ページの表をご覧ください。

私に必要な靴の点数

ウオーキングシューズ	＝1足
サンダル	＝2足
式服用のパンプス	＝1足
外出用の靴 （スーツに合わせてコーディネイトしてあります）	＝4足
夏の外出用のパンプス	＝1足
普段履き（買物に出る時など用）	＝3足
晴雨兼用のナイロン地のパンプス	＝1足

靴も服と同じように、人によって必要な点数が違います。それぞれの暮らしに必要な数を過不足なく用意したいものです。

明るくきれいな色の服を着ましょう

私のリストの中で最も点数が多いのが外出着です。外出着にはざっと分けて、

- 会合や講演など公の場に出る服（これを私は自分で「大外出着」と呼んでいます）
- 友人との会食や旅行のための服（これは「小外出着」と呼んでいます）

の二種類があり、私の頭の中でだいたいの分類がされています。

外出着を購入する際に心がけているのは、素材が良質のものであることです。オーダーメイドで服をあつらえる場合は思い切って、最上クラスの服地で仕立ててもらいます。着心地がよく、どこに出ても印象が良いのです。

服を選ぶ時にもう一つ気をつけていることがあります。素材やデザインにも気をつけますが、意外に見落としがちなのが色です。

今までたびたびイタリアを旅行しましたが、感嘆したのはかなりお年を召した老婦人が白髪にきちんとお化粧をしてヒールのある靴を履き、目も醒めるような赤いコートを着て颯爽《さっそう》と歩いているということでした。現地の方から、「イタリアの女性は若い人は黒いセーターにパンツというような地味な色を着ますが、高齢になればなるほど原色など華やかな色の服を着るのですよ」と聞いて、なるほどと思いました。

たしかに若い時代は肌がきれいなので黒っぽい色もよく似合います。が、年を重ねるにしたがって肌がくすんだり、目の下にクマができたりします。それなのに地味な色の服を着ると顔色をさらに暗く見せてしまうのでしょう。高齢の肌でも明るい色を着ることで顔映りがよくなるのです。

日本ではどうでしょう？　日本女性は中高年以降になると、「我こそは年をとりたるぞ」といわんばかりの地味な色を着たり、まるで「私はじっと目立たないように暮らしています」と主張しているかのように黒や茶色でまとめたスタイルが多く、残念に思うことがあります。多少、辛辣《しんらつ》な言い方になるかもしれませんが、無難な服を着て安心している人は自分を育てていないのではないかと思います。

イタリアの素敵なシニア世代を見てからは、私もなるべく顔色が映えるきれいな色の服を着るように心がけています。薄いピンクのスーツや、臙脂《えんじ》色のシルクスーツ、またスカイブルーのワンピースなどは私のお気に入りの服です。きれいな色を着ると、自分も周りも楽しい、そんな楽しい気持ちを周囲の人と一緒に喜びたいと思うのです。上質な素材ときれいな色、これが私の服選びのモットーです。

コーディネイトを工夫しようとしてかえって点数が増えていませんか……

服がどんどん増えていく原因の一つに、一着をいろいろコーディネイトして着回ししようとすることがあるのではないかと思います。

ファッション雑誌などに、「ボトムやトップ、中のシャツを変えて組み合わせれば、少ない点数でもバリエーションが豊富になります」などと組み合わせが紹介されることがあります。これは一見、合理的なようで、実は似たようなアイテムがどんどん増えて収拾がつかないことになりがちです。

実際には好みや着心地もあり、一つの服で組み合わせてよく着るのは、一〜二パターンしかないのではないかと思います。

たとえば、上着三枚、ボトム（スカート、パンツ）三枚の計六枚では、計算上では九通りの組み合わせができますが、実際に着るのはせいぜい三〜四パターン。だとしたら、ある程度組み合わせを決めておいて、それ以上増やさないようにするほうが、管理しやすいと思います。

家庭着も少ない数で

私の衣類リストの中で、

「こんなに少なくていいのですか？」

と聞かれるのが家庭着です。合着が三着、冬が二着。汗になりやすい夏も三着なのですが、これで充分です。むしろ汗になるからといってたくさんの枚数を持っていると整理しにくく、収拾がつかない状態になると思います。
私の場合、夏の家庭着は現在、次の三枚だけです。

- インド綿のブルーの半袖ワンピース
- 綿ブロードのクリームイエローの半袖サンドレス
- 楊柳素材の刺繍《ししゅう》を施した綿のワンピース

夏は洗濯物も乾きやすいので、

❶一枚は着ている
❷一枚は外に干されている
❸あとの一枚はクロゼットの中で出番を待っている

という状態でいいのです。このようにしているとクロゼットの中もスッキリ。また、どの衣類がどこにあるかを把握しているのはとても気持ちのいいものです。

「たった三着だと、すぐに洗っておかなくてはいけないとせわしい思いをするから、もう少し余分に持っていたらいいのに」と思うかもしれません。が、そこに油断があるのです。あと数枚多く持てば、それだけ手間がかかり振り回されることになることを知らなくてはいけないでしょう。あれば助かるという気持ちが逆転して混乱の中に自分を置いてしまうのです。

衣類に限らず、物は少ないからこそゆっくり管理できます。管理できていれば「これしかない」と思うのではなく「これがある」と思えて心が落ち着くのです。

合着や冬の家庭着も同じように考えます。冬はウールのワンピースを家庭着としていますが、極寒の日でも上からスモックかカーディガンを着れば寒くありません。

衣服ノートがあれば次に何を購入すべきか一目瞭然

これらの衣類を私はメモして管理しています。使っているのは市販の名刺ホルダーです。

この衣服ノート（名刺ホルダー）の最初のページに、一七一ページにある「私に必要な服のリスト」を書いたメモを入れておきます。次のページから「コート」「外出着」「家庭着」それぞれのページを作り、持っている服のスケッチと写真を入れていきます。写真は旅先や外出先で撮ったもの、またはフィルムが余った時に庭先で撮ったものです。

こうすると、クロゼットの中を見なくても、今どんな服を持っているのかが一目瞭然《りょうぜん》でわかります。最近着ていない服をどうするか考えたり、これからどんな服があればよいかもわかるでしょう。

もし、たとえば外出着の中の一着がサイズが合わなくなったり、古びてきた、流行遅れになったなどで着られなくなった場合は、予算を考えながら新しい服を用意します。

その場合、古い服はクロゼットから別の場所に移し、写真とスケッチをノートからはずします。他の服や流行、好みを考え、次に購入する服を検討します。

服がクロゼットからはみ出したらストップ
——一人が管理できる点数は一〇〇点以内

服を写真撮りしたり、スケッチしてノートに貼ったりするのをたいへんと感じる人もいるかと思います。

そんな時は、ノートの代わりにクロゼットを使って衣類を管理します。衣類がクロゼットやチェストに満杯になったら、もうそれ以上衣類を購入するのはストップ。

クロゼットに下げる場合も、びっしり詰めて収納すると出し入れもたいへんで、ついクロゼットの外に置いておくということになると乱雑になりやすいもの。なるべくゆったりと下げるようにすると、管理も楽です。

さきほど私の暮らしに必要な服は六四点と紹介しました。仕事を持っている人や、外出の機会が多い人はもっと必要と思いますが、できれば衣類の点数は一人一〇〇アイテム以内におさえたいもの。一〇〇点以内なら何とか一人で管理できますが、一〇〇点を超すとどんな収納の達人でも行き届かなくなります。

〃眠っている服〃はクロゼット以外の場所に

あるシーズン着なかった服を、「来年は着るかもしれない」「娘が着るかもしれない」「別の服と組み合わせることができるかもしれない」と思って収納して、次のシーズンにクロゼットに置き、やはり着ないでまたしまう——という繰り返しはどうしたらいいのでしょう。

着なかった服というのはそれは「生きているもの」ではなくて「眠っているもの」ですね。「いつか着る」という「いつか」はあまりやってこないものです。また誰か（娘さんとか）が着るかもと思っても人それぞれに好みがあり、差し上げて喜ばれる可能性も低いもの。ある程度、自分を客観的に見る力を育て、着なかったと思ったら迷わないで処分することが大事でしょう。

ただ、今までお世話になった服ですからその時の思いだけですぐに破棄してしまうのも乱暴です。一括して段ボールにでも入れておいて、ちょっと隔離しておくのです。そして「本当にこの服は着なかった」と自分を納得させてから処分します。

私は自分でデザインしてバッグなどにリフォームすることがありますが、バザーやリサイクル、古布の回収に出すなどいろいろな方法を探してみてはどうでしょうか。

家族の服装計画
――夫の衣類は良質のものを。子どもの服はバザーを利用

今では、スーツからは卒業しましたが、夫がサラリーマン時代はスーツは必需品でした。衣類は良いものを選ぶように心がけていました。かつてはその街の老舗《しにせ》テーラーでオーダーしたこともあります。良いものは長期にわたって愛用することができるからです。子どもたちの服装で心がけたことは、普段着と外出着を分けて用意するということです。

とかく最近では、普段着と外出着が一緒になってしまっているようですが、たとえばお友達の発表会、親戚の集まり、展覧会や音楽会などではきちんとした服装をするとけじめがつきます。女の子だったらワンピース、男の子ならシャツ、ポロシャツなどに濃紺のズボンなどが素敵です。成長の著しい子どもの服はバザーやお下がりを活用しましょう。

着る服は変わっていきます。私は着物を卒業しました

私はお茶用に着物を何枚か作った時期があります。四十代から五十代にかけては子どもたちの結婚式やお仲人を頼まれることもあり、黒留袖などの式服は必需品でした。

しかし、子どもたちが独立したころからは、お祝いの席にも着物は着ないことにしました。お祝いの席には母から譲られたゴールドのラメと花模様のあるドレスを着ることにしました。このドレスはシワにもなりにくいので、海外旅行にも持参し大活躍です（二分で着替えができて動きやすいのが有難いです）。そう決めてからは留袖は小物といっしょに知人に譲りました。クロゼットの中が見違えるほどスッキリしました。

年代によって服に対する考え方も変わっていきます。

最近、若い方で高額な海外の一流ブランドの服で装ったり、たくさんの服を毎日取り替えて楽しむ人も多いようです。私はそれを否定はしません。が、そんなふうにいろんなことで遊んだあと、自分を取り戻していくことも必要です。ブランド品を持って満足している時代を通り越して、もっと充実した衣生活が送れるといいと思います。

気がつけばもう終わっている季節ごとの服の入れ替え

――クロゼットを二カ所用意

季節が変わるごとに衣類の整理をどうするか、みなさん頭を悩ませているようです。九月になると、「夏物のお洗濯をしなくては」、四月になると「冬物を片づけなくては」という方がいますが、入れ替えのために時間をかけるのはもったいないことです。

私の場合、季節ごとの衣類の入れ替えは驚くほど簡単です。一つの季節が過ぎると自然に衣類の入れ替えも済んでしまっているという魔法のような方法を紹介しましょう。

現在、住んでいる家の一階には作り付けのクロゼットがあります。幅半間（約一メートル）ほどの普通サイズのクロゼットですが、これがその季節に着る服をしまっておく場所です。これとは別に二階の寝室にも同じサイズのクロゼットがあり、これがシーズンオフの衣類を収納しておく場所。

たとえば夏が終わり涼しくなったころ、

「この服は今シーズンはもう着ないだろうな」

と思う夏服があったとします。それを洗濯をしてプレスしたり、クリーニングに出して手元に戻ってきたら、二階のクロゼットにそのつどしまいます。掛けるものは掛けて、畳むものは畳んで、着なくなった服は次々にそこに入っていくのです。服によって、「もう着ない」と思う時期は違いますから、そのたびにしまうのです。このようにすれば、季節が移り、気候が変わったころには、いつしか入れ替えは済んでいます。

就寝する時に、洗い終わってプレスしたオフシーズンの服を一枚持って二階の寝室のクロゼットにしまい、翌朝、起床して階下に降りてくる時に、二階のクロゼットからこれからの季節に着る服を一枚持って降りてきて、一階のクロゼットにしまう。何回かそれを繰り返せば入れ替えは済んでしまいます。

衣類の入れ替えはまとめてしようとすると手間がかかりますし、気持ちに負担がかかって先々に延ばしてしまいがちですが、そのつどやっていけば楽です。

もしクロゼットを二つ用意するスペースがない場合でも、オフシーズンの服を入れたもの（ダンボールの箱など）をある期間だけ出しておいて、季節の変わり目に徐々に入れ替えていくと楽です。

これも年間で六四着と少ない枚数だけ持つことを決めているからでしょう。各シーズン（夏・冬・合着）の服は単純に計算しても二十数枚程度、合着を合わせても身近なクロゼットにある服は外出着を入れても三〇枚ほどという計算になります。

02

衣類の手入れと洗濯

洗濯の時間割

洗濯の話に入る前に、お風呂の時間についてお話しします。

わが家では、入浴は夕食の前にします。食事のあとに入浴するのは、特に高年齢になるとよくないそうです。また入浴は就寝する三時間前にするのが最も健康的だと聞いたこともあります。それに疲れて帰ったあと、すぐにお風呂に入るとくつろげるし、また気分転換もできます。

子どもがいる家庭では寝る間際に入浴後、就寝の準備となると家中がバタバタしがちですが、すでに入浴を済ませておけばその分、ゆっくりできます（「パジャマで夕食を食べる」ことに違和感があるなら、楽な服装に着替えたり、冬なら部屋を暖めて上からガウンを着せるなど工夫できるでしょう)。

そして(ここでやっと話が洗濯の話になるのですが)、私は、入浴したあと、残り湯を使って、洗濯をしてしまいます。暖かいお湯をポンプでくみ上げて洗濯するので汚れもよく落ちます。洗濯が終わったら、洗濯機の上など平らな場所に洗濯物を広げて重ねておき翌朝、干します。こうすると乾きあがりもシワが伸びてアイロンの手間が省かれるくらいです。また、朝、洗濯機を回してせわしくすることもなくゆっくりできます。夏の間はそのまま広げておくとおおかた乾いてしまいます。

バスタオルをスポーツタオルに――年間で一三キロ分の節約に

タオルを一日一〇枚以上洗濯する家庭があるそうです。大家族ではある程度しかたないかもしれませんが、使うたびに気軽に洗濯機の中にほうり込んでしまうのは考えものです。

真夏や、運動量が多かったり新陳代謝の激しい思春期の子どもの衣類はコマメに汚れや皮脂を取り除く必要がありますが、そうでない場合は脱ぐたびに洗濯する必要はありません。

〝脱いだら洗濯〟ではなく〝汚れたら洗濯〟を心がけると年間を通しての洗濯量が減り、干したり畳んだりの手間を省き、水道代、電気代、洗剤代を節約する効果もあります。

私もわが家の一年間の洗濯量を調べたことがあります。〝脱いだら洗濯〟ではなく〝汚れたら洗濯〟と心がけていたら洗濯量がグンと減りました。

またある時、湯上がりに使うバスタオルは大き過ぎるのではないかと考え、スポーツタオルに変えてみました。すると年間の洗濯量が約一三キログラム減りました。

このようなちょっとした工夫で家の仕事はスムーズになります。

CHAPTER

7

ゆとりを生み出す家計のアイデア

01

お金とどうつきあいますか

生きたお金を使うには

書店に並ぶ主婦向け雑誌には家計のやりくりに関する記事が必ず盛り込まれています。どの家庭にとってもお金の問題は重要で、一大関心事なのだと思います。

しかし、雑誌の見出しを見ると、「どんどん貯金する方法」とか「食費を切り詰める方法」「節約して一万円浮かせるアイデア」などがあり、ちょっと不安に思うことがあります。

将来のことを思って、今から節約して貯金しておこうという気持ちはわかりますが、では何のために貯金するのか、どれくらいしたらいいのか?という基本的なことを理解しないでただ節約したり、貯金に励んだりしているのではないかと思うのです。一円でも倹約しようと我慢を重ねる生活は精神的に貧しいものです。暮らしていく中で一番大切な、心の豊かさも失われてしまうのではないかと心配です。

特に私は食費を節約することには細心の注意を払うべきだと思っています。食べることは人間にとってもっとも大事。贅沢《ぜいたく》するのではなく、かといって貧弱ではない適切な量と栄養バランスを考えた食事を作り、家族がしっかり食べることが大切です。一生を通しての健康を維持する基本ですから、食事を疎《おろそ》かにして貯金して将来に備えるのは本末転倒というべきでしょう。

わが家の家計の歴史——お金よりも大事なものがあります

私が結婚したのは昭和二十二年。戦争が終わったばかりで日本はまだまだ経済的に復興していませんでした。夫は造船会社に勤務していましたが、給料も遅配がちで生活は楽ではありませんでした。

その後、日本は経済の高度成長期を迎えました。夫は技術系サラリーマンで、たびたびの転勤もあり、仕事も忙しかったのですが、収入的には安定していたといえるでしょう。夫は六人の兄弟姉妹の長男で、今と違ってその時代の長男というのは両親に対しても兄弟姉妹に対しても、精神的にも経済的にも責任を持つのが当然と思われていました。そのために家計から出費することも多かったのです。でも私はそれを惜しいと思ったことはありません。お金に執着心のない私は、できる限りのことをしてきました。

また、わが家は子どもの教育費も多かったのです。といっても一流校をめざしたのではありません。むしろ逆で、子どもの進学を考える時期になったころ、夫と私は当時住んでいた地域の「何がなんでも子どもを有名校へ！」という風潮に疑問を抱きました。みんなが塾に通い、進学校をめざしているのです。

私たちは「学校の名前や進学実績よりも教育方針をしっかり持った学校を」と考え、東京の「自由学園」に二人の子どもを遊学させました。自由学園は大正十年に羽仁もと子・吉一先生によって開校された学校で、一貫教育を通して、いつの時代にあっても、どのような場所に置かれても必要とされる人を教育しようとしている学校です。この学校は本当に良い学校で、子どもたちは人間として大事なことをここで学びました。

公的年金だけでの私の生活

このようにわが家は他の家よりは出費も多い家庭だったと思います。でもこれまでに二度家を建築して、今も贅沢はできないけれども、二人とも健康で穏やかな暮らしを営むことができているのはありがたいことです。一つには夫に安定して収入があったこともありますが、やりくりをして使うべきことには使い、その他は限られた中で工夫をしてきたからだと思っています。

今、ニュースなどで年金の問題がさかんに取り上げられています。公的な年金だけでは不安……などと言う方もたくさんいらっしゃるようです。私たちは年金暮らしになって二十年経ちますが、世にいう贅沢な暮らしはできないものの、コンサートに行ったり旅行したりと心豊かな毎日を送れることを有難いと思っています。

お金に関しても、いろいろな工夫が生きた時の嬉しさは格別でした。

時代は変わっても、いつの時代でも考え方は同じだと思います。不況が長引いて、家計が苦しいこともあるでしょう。でも少ない収入でも方針を持つことが大事です。小さな工夫を積み重ねることで光が見えてくるのではないでしょうか。

収入が少ないことは恥ずかしいことではありません

現代は何でも経済的な価値が優先する時代で、経済的余裕のあるなしで人の価値が判断されるのは寂しいことと思います。でも、経済的にゆとりがある、ないはその人自身の価値にはまったく関係のないことです。

ですから経済的に苦しいからといって恥ずかしいと思うことはまったくありません。

毎年秋には「全国友の会」では「家計講習会」を各地区で開催しています。家計簿の付け方や家計の基礎について勉強する会で、会員だけでなく一般の方にも開かれた催しです。

そこでは、会員の方の来年の予算例が紹介されて説明されていますが、はじめてその会に行った人が私に、「びっくりしました。自分の家庭の収入をすべて表にして紹介しているのですから」と驚いていました。私は、「どうして？　収入が多いから、または少ないからといって、正しい勤労収入のまかないですから。それが『友の会』なの」と言いました。いつも講習会では発表する人の予算はオープンにされています。

私もいつでも家計簿はオープンにできます。堅実に正直に暮らしているなら、経済的に余裕があるかどうかなどはその人の価値に関係はありません。

まず収入を把握しましょう

家計とつきあうために最初にしたいことは、お金の流れを把握することです。それにはまず収入を知ることからはじめましょう。

家庭の収入額を知らない人が案外多いのです。たとえば、サラリーマン家庭。たいてい銀行振り込みだと思いますが、その家の主婦に「一家の収入がどれくらいあるかご存知ですか?」と聞かれて、すぐに答えられる方は少ないのです。答えられても、夫の手取りの金額だったり、妻の収入を入れない額だったりします。

収入とは、その家に入ってくるお金の総額です。サラリーマンなら給与明細の最初に記入されている額。税金や保険料、その他の積み立てが引かれる前の額です。

ある方が早速、夫の給与を調べてみたそうです。

「とても大きい金額なのでびっくりしました。その分、税金や保険が差し引かれているのですね」

収入を知ることから見えてくることがいろいろあるのです。

収入の多い家計ほど出費に注意

気をつけなくてはいけないのは、収入の少ない家計よりもむしろ多い家計です。収入が少なければ使える範囲が決まっているのでそう出費することもないのです。しかし、収入が多い家計は、その分、支出も多くなりがちです。

妻が働いている家では、妻の昼食代や被服費や交際費など、必要経費も増えるのはしかたがありませんが、その他に自由になるお金もあります。「収入があるからいいわ」と無意識に無駄遣いをしたり、管理ができていなかったりすることもあるようです。

収入を増やすつもりで、パートタイムの仕事に就いたのに結果として収入以上に支出が増えたり、ダブルインカムの家のほうが収入があるわりに貯蓄ができていなかったりするのはそのためです。

仕事を持つことは素晴らしいことです。がその分、気ままにお金を使いやすくなり、暮らし全体が放埒《ほうらつ》になることもあるので注意したいものです。

出るお金を把握する

同じ一〇〇〇円でも本当に命のある使い方ができるかを考えましょう。捨てるような使い方しかできない人もいるし、衝動買いも多いでしょう。実は私自身、買物が好きで、たいていは本なのですが「いいな」と思った物はパッと買ってしまうのです。でもそれが家計全体の中で許される範囲とわかっていれば、問題はないのです。困るのはその出費が漠然としていて、「なんとなく不安」な支出になることです。少額でもこんな支出はストレスになるし、度重なると家計の土台をゆるがしかねないのです。

支出を把握するにはどうしたらいいでしょうか。それにはまず出したお金を全部書き出してみることです。私は「婦人之友社」の『家計当座帳』を使っていますが、その日ごとに支出すべてを項目にかかわらず書き出します。「書いても出て行くものは出て行く」とか「書く時間がない、もったいない」などと言う人もいるのですが、時間といってもせいぜい十分程度のこと。書き出すことで発見することも多いので、騙《だま》されたと思ってやってみてはどうでしょうか。

子どもが小さかったころ、子どもを喜ばそうと思って買ってやったお菓子があとになってみると要らなかったと思うことがありました。そんな時はその支出にアンダーラインを引いてブレーキをかけていました。

また私が勧めて出費を書き出した方は、「その日はスーパーに一軒行っただけと思っていたのに、帰りがけに書店で買った雑誌、通信販売の振り込み、子どもに持たせた募金のお金など、気がつかない支出があってびっくりしました」と言っていました。

いったん整理してみると、案外要らない物で支出していることを発見します。これが支出に上手にブレーキをかけ全体を把握してやりくりできる第一歩です。

〝大福帳〟から脱出しましょう

さて、支出を書き出しただけでは家計を把握したことにはなりません。家計簿をつけている方は多いと思いますが、たいていの人はただ支出を書き出し集計しただけで終わっていることが多いようです。これではただの〝大福帳〟にすぎません。〝大福帳〟というのは昔、商家で売買の勘定を書き出した横長のノート。よく時代劇などで江戸時代の商家に下げてある帳面です。大福帳は費目を分けず取り引き順に書かれているだけでお金を管理する以前の覚え書きにすぎません。

さらに家計を見通すには、費目別に支出を分けて記帳して年間を通して集計し、全体を見ることが大事だと思います。

現在市販されている家計簿にはいろいろな種類があり、それぞれ特徴があります。私はどんな形でも構わないと思いますし、自分で市販のノートに線を引いて工夫してもいいと思いますが、大事なのは、年間を通してつけて集計すること。そして、これも「婦人之友」の家計簿の特徴なのですが、年間の予算を立ててその中で支出を把握していくと、お金を生かして使えると思います。

次にそれを紹介したいと思います。

家計を見通すことができる快感

その年のはじめにその年に使うお金がそれぞれどれくらいになるのかの予算を立てるのは、ちょうど、国や県が税金を使う時に予算を提示するのと同じです。家も小さな独立国家だとすれば、そこで使われるお金もだらだらと支出されるのではなく、筋道の通った使い方をされるべきでしょう。

予算を立てるのは一見、難しいように見えますし、事実最初はとまどうこともあるでしょう。でも何回かやっていくうちに、スムーズに作ることができるようになりますし、そうすればとても楽しい作業になります。

それは今までなんとなくぼんやりとしか見えていなかった家計の流れをつかむことができ、使っていいお金と使ってはいけないお金がハッキリするからです。

「お金が不足しているような感じがするから、とりあえず貯金しなくては」

「無駄遣いをしているような気がするから、注意しなくては」

などと不安に思うことがなくなり、使うべき時は使い、節約するべきところは節約するメリハリのある暮らしができるようになります。

それは部屋の中にごちゃごちゃとあった物をそれぞれにしまう場所を決め、その場所に戻す感覚に似ています。それまでなんとなくそこにあった物がそれぞれの場所に片づいていく快感、それはなんとなく出ていっていたお金がキッチリと家計の中で位置づけされて生きたお金として使われ、記帳されて認められる満足感と共通するものです。

「物の整理は心の整理」と私はよく教えられましたが、同じようにお金の整理もきちんとされれば心も整理されて、何も心配することなく落ち着いて暮らせるのです。

まず、総収入を把握することからはじめましょう

まず総収入を書き出してみましょう。

総収入とは、税金や社会保険料を含めた額です。一年間で考えると全体が見えるので、ボーナスも入れて会社からもらう額を書き出します。とりあえず予定できるものはすべて、たとえば家賃の収入があったり金利や配当の収入があればそれも書き出します。これらを一二で割った額が一カ月分です。

先に述べましたが、サラリーマン家庭では収入といえば、毎月銀行に振り込まれている額ではなく会社から支給される総額のことです。ここから税金や保険料が引かれていま す。この額もよく見ておいてください。小さなこの欄から政治や経済の仕組みを知ることもでき、世の中に対する興味が湧いてくる人もいることでしょう。税金をどれくらい納めているかを知ることは大事で、たとえば国会で「今後は税金を○%に」などと決まってもピンとこないで他人事のように感じるのではいけないと思います。

総収入の中にあらかじめ賞与を入れて考えるのは、収入を一年間でトータルに考えたいからです。賞与は月々の暮らしの不足分を補う〝抜け道〟ではなく収入の一部と考えたほ

うが明快です。

さて、この総収入の中にはもちろん、妻の収入も入れます。最近では妻に収入がある家庭も多いのですが、それを妻のお小遣いとして、好きに使うのは感心しません。妻の収入はいったん家計簿に記入した上で予算に組んで考えます。ここに入れないでいると「また働けばいい」「私の収入でなんとか合わせよう」と思って不要なものを気ままに買ったりすることに繫がりかねません。結局、入った分だけ余分に支出してプラスマイナスゼロ、またはマイナスになっているのに気がつかずにいることもあります。

まとめ

●第一ステップ

①総収入を把握する。賞与も入れた定収入を書き出す。
②これを一二で割ったものが一カ月の収入です。
総収入額÷一二＝一カ月分

この総収入から所得税、住民税、固定資産税、自動車税などの税金、また健康保険、厚生年金、国民年金、雇用保険、介護保険を引いたものを出します。サラリーマンなら給与明細を見るとよくわかるでしょう。これが各家庭で自由に使えるお金です。

●第二ステップ

総収入－（税金＋保険料など）＝家で自由に使える金額

貯金はいくらすればいい？

――一割は"開かずの扉"に、六％を準貯金に

自由に使える金額がこれでわかりました。次に確保するのが「貯金」です。貯金は、生活していて余ったら貯金しようというのではなかなか貯まらないものです。最初から確保して、残ったお金で生活するようにします。

ではどれくらいの金額を貯金したらいいのでしょうか。各家庭の収入や暮らし方によっ

て違うのは当然です。ここではサラリーマン家庭の目安として、私がどうやってきたかをお話ししたいと思います。

ここに一冊の本があります。もうページが黄ばみはじめた古い本で、奥付を見ると「昭和三年六月一日発行第一刷」とあります。私が生まれる前に発行された本ですが、これが私の手元にあるのは母から譲り受けた本だからです。本のタイトルは『羽仁もと子著作集第九巻　家事家計篇』で、今まで私がお話ししてきた家計に関する基本はすべてこの本に依《よ》るものです。

この本のページの途中に、家庭を持ったころの私が書き留めたメモが見えますが、その中に線分図が書かれていて、これが私が決めた貯金の配分のようです。

それによると、収入の二〇%を貯金に充てると計画しています。

その二〇%のうちの半分、つまり収入の一〇%を純貯金、後の一〇%を保険料（三%）と予備費（六%）と公共費（一%）への準備にするとしています。

つまり一〇%は将来、家を建てるとか子どもの教育に使うなどで日々の暮らしには使わないでおくもの。私はこれを〝開かずの扉にしまう〟と呼んでいますが、長期の目的のための貯金です。

そして三%が生命保険（掛け捨てでない、貯蓄型のもの）です。

今と昔では状況が違い、保険料が三％というのは少なく、現在では五～一〇％が適切かもしれません。

また六％の予備費は、冠婚葬祭や子どもの病気などに備えて用意しておくお金、いわば〝ちょっとだけ開く扉〟です。これは日々の暮らしで貯まったと思えば使い、金額が上下するもの、わが家の場合は貯まったかと思うと減り、よく底をついていたものです。そして、一％の公共費とは羽仁もと子先生の家計の考え方の中で特徴のある部分なのですが、社会のために使うお金、「赤い羽根」などの共同募金、ボランティア団体に寄付するなどのお金です。

一〇％の〝開かずの扉〟と六％の〝ちょっとだけ開く扉〟は口座や預け先を分けて混ざらないようにしておくといいでしょう。

収入の一割を貯金することから始めれば安心です

貯金が足りないのではと悩んだり、もっと貯金しないと将来が不安だと感じる方が多いようです。しかし、以上のことを頭において、収入の一割をコツコツ貯金に回していけば、何も怖いことはないのだと申し上げておきましょう。

長い間にはいろいろなことがあり、思うままにならないこともあると思いますが、それでも入った分をなんとなく使うのではなく、一割〜二割を目安に早くから少しずつでもコツコツ貯めていくことで、確実な生活設計ができると思います。

年収分の貯金があれば非常事態になっても平気

貯金額はとりあえず、年収の半分を目標にしましょう。年収額分を貯金できれば理想的です。新婚の家庭に子どもが生まれ、教育費がかかり……と生活に変化が生じても、将来にわたって安定した暮らしを送るためには、まず年収の半分の貯金、次には一年分の貯金を目標にするという考えは、羽仁もと子先生の教えでもあります。

特に最近の不安定な経済情勢の中では、収入がなくなったり、減ったり、退職を余儀なくされたりという変動がおきる可能性も多いようです。そんな時でも、最低限、半年分から一年分の貯蓄があれば、その間に次の可能性を考えることができるでしょう。これを生活準備金といいます。

思わぬことがあったり、会社を退職して起業するなどという場合も、この備蓄は大きな力になります。

「このお金があったから何の心配もせずに、今後のことを考えることができた」という人は多いのです。

まず先に貯金する額を引き、生活は決めた範囲内で

このように最初に貯金する額を引いてから生活をすると、貯金が順調に増えていくでしょう。サラリーマン家庭なら会社の天引き貯金（社内預金の制度など）を利用するのもいいでしょう。銀行の「積み立て」（毎月日にちを決めて普通預金から引き落とされて定期預金を積み立てる制度など）もいいでしょう。

毎月なんとなく出費していて「余ったらその分を貯金しましょう」と思っているとなかなか貯金できないものです。

まず決めた額を毎月貯金。そして毎日の暮らしは「この範囲でしましょう」と決めた中でおさまるようにするべきです。

収入が増えても生活レベルはそのままで

ある年末のこと。次の年の家計を考える時期になって、「今年は去年の予算のままで生活してみよう」と思いつきました。サラリーマンには定期昇給があり、ちょっとずつ給与が上がっていきます。でも、その分をなかったことにして、昨年のままの給与と考えて生活して、給与が上がった分だけまるまる貯金に回したのです。

昨年と今年とでは暮らしにはあまり大きな差はありません。出費もそうは増えないもの、生活してみてもそう苦しいと感じることはないのに、貯金は増えて嬉しかったのを覚えています。

収入が上がるとその分、出費も増えどうしても贅沢になりがちですが、その分を引き締めていけば、余裕ができます。最近の状況ではなかなか定期昇給ができない会社も多いと聞きますので、どなたにでも試せる方法とは限りません。

でも、もし夫が会社で昇給したり、昇進するなどで収入が上がった時には考えてみてもいいと思います。

まとめ

●第三ステップ

自由に使えるお金－貯金＝生活費

これで、毎月使える生活費が出ました。この中には次のようなものが含まれます。

○食費＝主食費、副食費、調味料。
○光熱費＝電気、ガス、灯油。乾電池もここに入れます。
○住居費＝家賃、借地料、ローン、管理費、住宅修繕費、水道代、火災保険、自治会費、電話代、住居洗剤費、掃除用具代、食器、家具はここに。
○衣服費＝服や下着の購入、靴の購入、洗剤、漂白剤、クリーニング代、寝具購入など。
○教育費＝学費、子どもの書籍代、お稽古事、学習塾、おもちゃ、学用品代。
○交際費＝贈答、宅配便、通信費など。
○教養費＝新聞、書籍代、テレビ受信料。

○娯楽費＝旅行費、遊びの費用など。
○保健衛生費＝医療費、薬代、サプリメント、シャンプー、トイレットペーパー、紙オムツ、歯ブラシ、化粧品、理髪店・美容院代。
○職業費＝夫婦の小遣い、通勤費。
○特別費＝両親への送金や贈り物、冠婚葬祭費、帰省費、掛け捨て保険、不明金。
○自動車費＝購入費（ローン）、ガソリン代、自動車保険、車検費用、修理費、高速道路代、免許取得の費用。

それぞれの費用をどの費目に入れるかは各家庭で決めて下さい。ただ一度費目を決めたら変更しないことが大事です。

予算を立てましょう

この生活費をどのように配分するか、年のはじめに予算を立てるとお金の流れを見通すことができます。予算を立てることは手間がかかるので、よく「予算を立てても出るものは出て行く」とか「予算に縛られて自由がなくなるのでは」と思う人もいますが、四十年間予算を立ててきた私の経験ではそれは逆で、予算を立てることで出て行くお金を把握できますし、「これしかない」と思う気持ちから「これだけある」と思えるようになり、いつも「お金が不足しているのではないか」という不安からも自由になることができるのです。

節約節約と念じていても、どれだけ節約しなくてはいけないのかわからずに節約するのは心にゆとりがなくなります。その縮こまる気持ちは毎日の生活の中でいい影響を与えないでしょう。予算があるからこそ心にゆとりが持てるのです。

予算の立て方のポイント

予算を立てるために大切なことは次のようなことです。

❶食費を節約しないこと

一日三食しっかり食べることが健康に暮らす基本中の基本。ここを切りつめて健康を損なうより、日々しっかり食べて健康を作るほうが、遠回りのようでよい暮らしへの早道です。「子どもが小さいから食費は少なくてすむ」という人もいますが、むしろカルシウムを摂るための乳製品などは大人よりもたくさん摂らなくてはいけないくらいです。

❷費目ごとに予算を立てます

二一一～二一二ページに出した費目ごとの予算を立てます。リフォームの予定などがあれば住居費でその予算を取ったり、免許を取る予定の家族がいれば自動車費を多めに取るなど、次の年に計画していることを考えながら予算を立てます。予算額は前年に家計簿をつけていればそれを参考にし、つけていなければ概算で計算してみます。

❸集計してバランスを取ります。「衣服費」「娯楽費」を検討

各費目を合計します。「総予算」が「生活費」を上回る場合はどこかでバランスを取らなくてはいけません。調整する費目としては「衣服費」「娯楽費」を検討するといいかもしれません。中でも「衣服費」は人間の欲望が出やすいところです。

でも言い換えれば「衣服費」が家計全体の調整役をするということにもなります。年のはじめに必要なものを書き出してみましょう。「夫のスーツ、妻の外出着……」というようにです。そして「外出着が欲しいけれどガマンする」などと調整していきます。「娯楽費」も検討したい費目です。

時々、貯金のために娯楽費をゼロで予算を組むという人もいますが、それでは暮らしに潤《うるお》いがなくなってしまいます。反対に「よその家が海外旅行に行くからうちも行かなくては」と虚栄心で娯楽費を計上するのは生きた使い方とはいえないでしょう。贅沢でなくても、楽しめることはたくさんあるはず。そんな楽しみを考えながら「娯楽費」を再検討します。

私は子どもが小さいころ、子どもの靴の費用を予算に入れていなくて失敗したことがありました。子どもの靴は破れないうちに足が大きくなって買い換えなくてはいけないのを見過していたのです。また、教育費にお金がかかる時期はどうしてもこの衣服費で調整することになります。

でも我慢するといっても永久に我慢するものでもありません。たとえば子どもの入学でお金がいる年は衣服費にはお金が回らなくても、次の年はその分、衣服費に重点をおいて予算を立てることもできます。

家計は家族で共有しましょう

日本ではお金のことを子どもに話さないことが多いようです。どんなに親がやりくりに苦労していても、子どもには関係のないこと、子どもに余計な心配をさせてはいけない、などと思うようです。またお金に関することはあまり話題にしないものという文化も影響しているかもしれません。しかし、わが家ではお金のことはずいぶんオープンに話していました。また、高齢の夫の両親と同居していた時もフランクに実状を報告していました。

「今年はちょっと苦しいからおかあさんも洋服は買わないでがんばるわ」

と言えば、子どもも無駄遣いはしないものです。子どもだからわからないと思うのは間違いで、子どもも小さいなりにしっかり考えるものです。

この本を読んでくださったみなさんへ――主婦としての日々――

長崎に生まれて

私は昭和五年一月一日、長崎県大村市に生まれました。父は洋画家で東京美術学校に学び、長崎師範学校の美術の教師を務めていました。母も絵画が好きで、長崎女子師範在学中に絵の個展を開いたぐらい才気煥発の女性でした。この両親の下、私は八人きょうだいの六番目です。

母は厳しい中に明るく優しい人でした。私は母から〝考えて暮らす〟ことを学んだと思います。

私たちきょうだいは学校に行く前に、廊下を雑巾で拭くことがお仕事になっていました。ある日、私は雑巾をまとめて絞り、廊下の途中に点々と置いておくことを考えました。端から拭いていき、一枚の雑巾が汚れたところで置いてあった雑巾に変えて一気に廊下を拭く、「そうすれば時間が省けるな」と子ども心に考たのです。そしてふと母を見ると私なりの工夫を見ていたのでしょう、ニッコリ笑ってくれたのでたいへん嬉しかったものです。

母は戦後、主婦のかたわら長崎の被爆者救済運動に心を傾け、家裁の調停委員を経て、周囲の人に推《お》される形で長崎市会議員に立候補、市議を一期務めたあと、県会議員に転じ県議を四期務めました。婦人会など有志の方々がいつも手弁当で母を応援してくださったので金権選挙とはまったく無縁、どの選挙も法定費用内で収まったというのが母と母の支援者のみなさんの自慢でした。母の名前は小林ヒロといいました。

やがて私は長崎県立高等女学校に入学。そのころから戦争の影が濃くなっていきます。そして、昭和二十年八月九日、午前十一時三分、長崎に原爆が投下され、市内は瞬時に壊滅しました。その時、私は長崎高女報国隊として、爆心地に近い三菱兵器製作所の工場で働いていました。一度、空襲警報が鳴り、それが解除になったので工場に戻る途中、突然、工場全体が崩れるように倒壊、級友たちは瞬時に倒壊家屋の下敷きになってしまいました。私はとっさに飛び込んだ工場の詰め所内にあった半地下の防空壕の壁の支えのおかげで奇跡的に助かったのです。気を失っていたのでどれくらいの時間が経ったのかさだかではありませんが、やがてその隙間《すきま》から這い出しました。時計を見ると午前十一時三分で止まっています。

「長女《ちょうじょ》報国隊の小林がここにいます」

と叫んでも誰も答えてくれません。必死でがれきの中から這い出して、倒壊家屋の上に辿り着くと、これも奇跡的に助かったのでしょう、工場の係長が私を見てびっくりして助け起こしてくれました。やがてここも火の海になる、逃げなくてはと私は倒壊家屋の上を飛ぶようにして山のほうへ逃げました。途中で見たのは悲惨な光景でした。その後、多くの人が被爆体験を語り、当時の様子を描いた絵画もありますが、それらを聞いたり見たりしても、私は「そんなものではない」と思うばかりです。言葉や絵で表現しきれない想像を絶する光景でした。

やっとのことで家に帰りましたが、爆風で顔が腫《は》れ、頭のケガからの出血が顔中に固まっていて、すぐには私とわからない状態だったそうです。その後、すぐに家族中で疎開、そのころ、生き残った人たちも次々に原爆症で亡くなっているという話を耳にしました。横になっていると私がもう寝たものと思った両親が、「今度はうちじゃないかしら」と言っている声を聞きました。

でも私はその後、頭と肘《ひじ》のケガの治りは遅かったものの、何の症状も出ずに健康に過ごしています。

長崎高等女学校の私たちの卒業式は卒業生が入学時の三分の一になっていて、卒業式というより追悼式のようでした。そのころから「残されたことの大切さ」を思うようになりました。私は生き残ったのだから、有意義に生きること、人のために何かをしたいと思うようになったことから、今に至っています。

結婚、子育て、介護を経て

その後、結婚し、熊本市内の社宅に新居を構えました。十八歳でした。長崎に転勤後、一女一男を出産、家は賑やかになりました。
広島、山口、岡山と何回かの夫の転勤、また子どもを東京に遊学させたり、山口に住んでいた時に夫の両親を迎え、やがて両親の介護を経験しました。ここでも多くのことを勉強したと思います。

こんなふうに暮らしの変遷はありましたが、昭和四十八年以降は岡山に住居を構え、この本の中でも幾度も紹介した雑誌「婦人之友」の愛読者の集まりである「全国友の会」の「岡山友の会」の活動や、時にはお招きを受けて各地の「友の会」で講演をしながら、今は夫と二人で暮らしています。

これからも家事一年生として

長い年月を経て、私はいろいろなことを知ることができました。

暮らしを整理することは心を整理することだということ、また物もお金も生かして使うことが大事だということ、どんな境遇に遭《あ》ってもうずくまって周りが悪いというのではなく、その境遇に屈しないことが大事だということなどです。それらはこの本のあちこちでもうみなさんに申し上げたと思います。

そして、自分の生涯も周りの人も大事にしなくてはいけないということも最近感じています。今、私は視覚障害者のための朗読をテープに吹き込む活動をしていますが、人のために自分を役立てる大切さをみなさんの心にも留めておいていただきたいと思います。

これからも、私は家の仕事をはじめ、よりよい暮らしを考えていきたいと思います。

いつでも家事には工夫の余地があり、そのたびに新鮮な驚きを味わうことができます。そんな時〝私はいつでも家事の一年生〟だと感じるのです。

構成——今津朋子

〈著者略歴〉
村川協子（むらかわ　きょうこ）
1930年、長崎県大村市生まれ。雑誌「婦人之友」の愛読者の集まりである「全国友の会」の講師として各地の家事講習会に招かれ、300回以上講演。家事の創造性と奥深さを、自らの経験を通して語り続けている。年代を問わず、多くの主婦とともによりよい暮らしづくりに努めている。自然から学んだものを、織物・切り絵・シルクスクリーンに表現した生活工芸の作品にもファンが多い。

心をこめて手早くできるアイデア家事の本

2005年3月30日　第1版第1刷発行
2005年7月8日　第1版第3刷発行

著　者　村川協子
発行者　江口克彦
発行所　PHP研究所
東京本部　〒102-8331　千代田区三番町3番地10
文芸出版部　☎03-3239-6256（編集）
普及一部　☎03-3239-6233（販売）
京都本部　〒601-8411　京都市南区西九条北ノ内町11
PHP INTERFACE　http://www.php.co.jp/

制作協力　組　版　PHPエディターズ・グループ
印刷所　製本所　凸版印刷株式会社

ISBN4-569-63932-1